全息智能健身
对健身者消费意愿影响的机制
——沉浸体验和体验价值的链式中介效应研究

王 茜 胡 意／著

湘潭大学出版社
XIANGTAN UNIVERSITY PRESS

前　言

全息智能健身是目前新兴的一种智能健身模式。本书旨在探索全息智能健身沉浸体验、体验价值、消费意愿的结构维度，构建全息智能健身特征对健身者消费意愿影响的机制模型，进行数据调研和实证检验，继而提出意见和建议。

本书的结构安排如下：

第1章，绪论。介绍全息智能健身对健身人群消费意愿影响的研究背景，说明研究的目的和意义，对研究方法、研究思路和主要创新点进行阐述。

第2章，研究理论与假设。基于提出的问题，对有关理论加以阐述，对全息智能健身特征、消费意愿、沉浸体验、体验价值等相关变量进行综述，界定研究变量的核心概念，分析研究现状，找出研究的不足之处，确定研究的理论基础，以便后续研究的开展。

第3章，研究方法与设计。设计调查问卷，包括调查问卷的构思和制作流程，根据调查结果设计量表初稿。本章实证借助SPSS26.0与AMOS23.0软件完成。

第4章，研究结果与分析。根据前测测试确定最终的调查问卷，问卷发放地主要集中于长沙、深圳、广东、北京、天津地区。根据对问卷数据的分析，对全息智能健身特征、沉浸体验、体验价值、消费意愿的假设关系进行实证检验。

第 5 章，研究结论与展望。对研究内容进行归纳和总结，为全息智能健身更好的发展指明方向。首先，对所得研究结论进行汇总。然后，对本研究的理论贡献以及所得实践启示进行归纳总结。最后，指出本研究存在的不足之处并进行分析，有助于后期研究。

本书由王茜和胡意合著，全书共计 20 万字。胡意负责第 3 章和第 4 章部分内容的撰写（合计 5 万字），王茜负责其他部分的撰写（合计 15 万字）。全书由王茜确定大纲、统稿和修改，胡意协助统稿和修改。

在本书的撰写过程中，得到广州大学体育学院戴永冠教授的悉心指导。本书撰写过程中参考了大量文献，在此对文献作者表示衷心感谢。

由于作者水平有限，时间紧迫，书中难免有不足之处，敬请广大读者批评指正。

作者

2024 年 8 月

目 录

第1章　绪　论

本章主要介绍全息智能健身对健身人群消费意愿影响的研究背景，说明研究的目的和意义，对研究方法、研究思路和研究的主要创新之处进行阐述。

1.1　研究背景与问题的提出

1.1.1　研究背景

1. 科技赋能的发展环境：智能化与体育结合的快速发展

2019 年 1 月 15 日，国家体育总局联合国家发改委发布《进一步促进体育消费的行动计划（2019—2020 年）》（以下简称《计划》）。《计划》明确指出，如果企业从事体育用品生产活动，需要具备较高的技术含量，要加大个性化设计力度，在多元化体育用品、智能化体育用品、虚拟现实技术等方面加大研发力度，实现开发渠道多元化，尽可能满足消费者高质量需求，带动体育消费。艾瑞咨询发布的报告中预测，中国智能运动健身市场规模在 2019 年已达到约 100 亿元，预计 2025 年将突破约 820 亿元，2021 年至 2025 年的复合增长率预计达到约 46%。近几年，体育与科技有机结合，体现在以下几个方面：

第一，健身服务与大数据技术结合。大数据以海量数据为基础，通过对数据的分析和处理，获得用户所需的数据。利用大数据技术，可以为用户提供更多的有参考价值且准确的服务，提高了信息的传递效率。以大数据为基础的算法推荐机制，使用户能够清晰地认识到自己的需要。具体来看，健身机构可以使用大数据技术分析消费者的消费行为和消费习惯，有的放矢地为消费者服务，提升服务质量。对于用户而言，大数据技术可以帮助用户制定更加科学、有效、合理的体育健身计划。网络时代的到来，加快了不同功能的互联网健身平台的强势崛起，升级了大众的运动健身方式，健身与网络智能的结合，必然成为未来健身的新模式。

第二，健身服务与虚拟现实技术（VR）结合。健身俱乐部必须保证产品和服务的质量，以适应健身市场格局的变化和客户健身需求的不断升级。在此背景下，VR 健身应运而生。VR 健身也称虚拟现实健身，健身者通过可穿戴传感设备，身临其境体验健身。在 VR 健身过程中，健身者能够随时随地与对手进行运动项目的互动，通过跟踪健身的位置，做不同方向的跳跃、蹲下等动作，让健身者完全沉浸其中，从而达到健身的目的。

第三，全息技术与健身结合。在健身运动中融入全息技术，通过显示屏和智能健身系统，不管是听觉上还是视觉上，都会给健身者一种身临其境的感觉。全息技术克服了 VR 穿戴设备的不便性和眩晕等不舒适性，让健身者通过触摸等方式感受到动感的身体运动。

目前，在运动健身领域，线上、线下产品大多应用了智能技术。线上智能运动健身产品主要基于移动设备，以移动端 App 为主要形式，提供各种智能运动健身服务。运动健身器械则是通过应用智能技术不断优化用户运动健身体验。在智能运动健身器械领域，智能健身镜创新性较强。智能运动健身器械更具人机交互能力，以运动健身器械为载体，通过智能技术实现运动健身数字化。线下智能健身房通过云计算、物联网等高科技，为传统健身房硬件器械和管理系统赋能。近年来，中国智能运动健身行业发展越来越快，产品种类越来越丰富多样。在高科技的支持下，智能运动健身应用不断成熟。

2. 体验经济时代：体验创造价值

体验经济是一种新的经济形态，它与传统的农业经济、工业经济、服务经济都有所不同。美国学者 Joseph Pain 在其撰写的《体验社会经济》一书中指出，体验与以前的经济形态所提供的产品和服务是不一样的，其给人的体验更具个性化，促使人们更好地追求体验（花建 等，2019）。在体验经济时代，用户体验极具重要性。很多企业成立了体验部，对用户体验进行深度的管理。奇虎 360 总裁曾发表观点：用户口碑已经成为一种巨大的影响力，这与用户的体验直接相关。沉浸式体验，是一种用户在信息技术、智慧和创意融合的情境中产生的身临其境的感觉，而这种感觉可以促进消费升级。当前，对于如何吸引更多的健身用户以及如何激励健身用户在健身方面表现得更加积极主动，智能运动健身行业并没有摸索出行之有效的方法。过去，智能运动健身企业扮演的是厂商角色，只为用户提供单一化课程以及硬件设备；现在，智能运动健身企业已经升级为科技公司，可以为用户提供整套健身服务。智能运动健身企业要想不断增强竞争实力，就要充分挖掘用户潜在的运动健身能力，并结合实际情况不断完善健身解决方案，同时，用户健身体验也要进一步优化。

全息智能健身是目前新兴的一种智能健身模式，是利用 LED 显示屏，将健身者带入任何喜欢的、奇妙的场景中，使健身者达到忘我的状态。在这样的健身房里，健身者在跑步机上奔跑，不再感到枯燥乏味，而是能够感受到自由奔跑的感觉。全息智能健身的目的就是给健身者带来不一样的健身体验。对于健身企业来说，健身者的健身体验是非常关键的。健身企业为了获得竞争优势，必须思考如何利用高科技手段，给健身者提供不一样的健身环境与体验。

3. 智能健身领域面临的挑战：提高健身者的复购率

当前的智能健身房市场以互联网智能健身概念为主打，LikingFit、乐刻等健身品牌具有一定的代表性。当前，对智能健身房的研究力度正在加大，线下健身房也开始了智能化升级。智能健身房的技术多集中在声控、灯光、人脸识别等方面，智能设施的使用还存在一些缺点，还有一些企业宣传与实际服务存在很大差别，造成顾客的反感，回购率不高。

智能健身模式下的消费决策过程相较于传统健身模式有较大不同，健身者更加注重健身体验与信息沟通。已有研究表明，获取新客户和留住老客户的成本分别占企业预算成本的75%和25%（Reichheld et al.，2000），留住老客户的成本少得多。能否留住高成本吸引到的客户，是一个企业能否取得长远发展的关键所在。健身企业逐渐发现，得到新客户比以前更难。健身企业必须依赖老客户，改善他们的健身体验，进而提高老客户的消费，甚至以此吸引新客户。

SOR模型理论一直以来被用于探讨消费者情绪与行为之间的关系，最终判别消费者情绪被调动后的决策行为（Mehrabian et al.，1974）。其中：S是刺激反应，由营销组合变量和其他的环境输入变量组成；O是情感反应，是人们在受到外部刺激时出现的一种关于情感的表现（Bakker et al.，2014）；R是认知反应，指受到来自外部的某些刺激时产生的一种带有目的性的心理过程（Lysonski，1989）。该模型的作用机理已在许多研究中得到证实。由于此模型的可靠性较高，被环境心理学家广泛运用到关于线上、线下平台的零售环境中，以此对消费者最终购买行为进行研究（Mehrabian et al.，1974）。

全息智能健身的核心是全息智能技术的商业应用，而非技术本身。如何利用全息智能技术为健身者创造良好的体验，并为健身企业获得竞争优势，是企业关心的问题（李淑燕 等，2019）。用户体验是促进用户购买行为的重要因素，全息智能健身的用户体验还未得到充分研究。因此，基于SOR理论，结合沉浸理论和认知评价理论，开展全息智能健身消费体验相关研究，探索全息智能健身对健身者消费意愿的影响，是非常有必要的。

1.1.2 问题的提出

消费者的沉浸体验与体验价值是体验经济时代企业获得竞争优势的重要因素，也是消费者身体上和心理上的重要的消费体验，而这种体验将逐渐成为消费者行为意图的内在动机。健身者在健身时，通过全息技术赋能的健身设备以及环境提供的视觉、听觉、触觉等产生的身心体验，以及健身者对全息健身服务、过程、效果的主观感受与评价，即体验消费价值。这种价值也许是象征意义上的，也许是享受意义上的，更可能是情感上的满足，是源于顾客内心的一种价值判断，是对服务价值的一种升华（Holbrook，2006）。经历一系列的心理反应，健身者通常会产生接近或者回避等行为（Eroglu，2003），进而影响健身者的消费意愿。

随着健身环境从传统健身向全息智能健身方向发展，对全息智能健身环境下健身者的行为进行系统的研究变得愈发重要。但是，目前专门针对全息智能健身环境下健身者行为的研究还比较欠缺。第一，由于全息智能健身是刚刚发展起来的健身新模式，对这种模式下的健身者消费行为和消费意愿的研究并不是很多。第二，现有的文献中，关于全息智能健身的研究多集中在外在因素的分析上，而从用户体验角度进行全息智能健身的研究相对较少。

本研究基于SOR理论、沉浸理论、认知评价理论对如下问题进行探讨：全息智能健身具有哪些特征？这些特征是否会影响健身者的消费意愿？沉浸体验和体验价值在全息智能健身与健身者消费意愿之间起什么作用？在全息智能健身过程中，沉浸体验和体验价值的作用有多大？

全息智能健身是一种新兴的智能健身模式，需要进一步探讨其具有哪些特征，以便进一步验证这些特征对消费意愿的影响机制。

个体消费行为出于对自身心理需求的满足，而不仅仅是对该产品某项功能的诉求，这也使得个体的消费意愿具备一定的情境性。换句话说，某个消费情境会影响到消费者的心理需求，进而通过消费意愿满足该情境激发的心理需求。那么，全息智能健身特征是否会影响个体的消费意愿呢？

对这些问题的回答，直接影响到全息智能健身行业的相关策略。

1.2 研究意义

1.2.1 研究目标

本研究的研究对象是全息智能健身者，基于探索性研究方法和理论逻辑推演，明确全息智能健身特征的结构维度，以全息智能健身特征对健身者消费意愿的影响为研究问题，探索全息智能健身沉浸体验、体验价值、健身者消费意愿的结构维度，构建全息智能健身特征对健身者消费意愿影响的机制模型，进行数据调研和实证检验，继而提出意见和建议。

1. 明确全息智能健身特征的结构维度

目前，业界和学界对全息智能健身特征并没有一个成熟的归纳与划分。本研究将在全息技术与智能健身特征的基础上，通过专家咨询、实地调查与访谈，以验证性因子和探索性因子进行分析，探索全息智能健身特征及其维度。

2. 探索全息智能健身对健身者消费意愿的影响机制

全息智能健身消费者的消费意愿是影响全息智能健身企业的生存与盈利的关键，而健身者的消费意愿又直接与健身者的再购买率正相关。当前，健身产品以及健身服务同质化现象越来越严重，为健身者提供良好的体验是健身企业摆脱同质化竞争、不断提高健身者购买意愿并进行回购的重要环节。本研究在厘清全息智能健身、沉浸体验、体验价值和消费意愿的内在联系的基础上，进一步探讨全息智能健身对健身者消费意愿的影响机制。

1.2.2 研究意义

本研究建构了包含全息智能健身、消费意愿、沉浸体验、体验价值的理论框架，拓展和深化了相关理论，并提供了相关的营销建议。

1. 理论意义

第一，聚焦于全息智能健身对健身者消费意愿的影响机制与过程，基于SOR理论，以全息智能健身特征为自变量，以消费意愿为因变量，以沉浸体验和体验价值为中间变量，建立研究模型，完善了全息智能健身对健身者消费意愿的作用机制，同时拓展了SOR理论的应用场景。

第二，有助于推动智能健身领域的研究，从科技在健身领域的应用研究朝着消费者心理体验研究不断延伸，将沉浸体验、体验价值作为出发点，分析全息智能健身对健身者消费意愿产生影响的过程与机理，拓展了沉浸理论和认知评价理论的应用。

2. 实践意义

本研究从全息智能健身特征出发来探讨健身者的消费现象，能够使健身企业了解健身者的消费行为，从而根据全息智能健身特征、心理感知以及心理需要来设计新的营销策略。

第一，有利于健身企业从全息智能健身特征的角度了解健身者消费意愿产生的情境，从而精妙地设计营销方式和方法。全息智能健身特征是针对健身者的重要卖点，在对全息智能健身特征进行宣传的过程中，应巧用情境启动功能，以此建立全息智能健身与消费之间的联系，提高全息智能健身的宣传效果。

第二，揭示了沉浸体验和体验价值在全息智能健身对健身者消费意愿影响中的中介作用，有助于健身企业从健身者沉浸体验和体验价值的角度来设计产品营销策略。在对全息智能健身进行宣传和销售的过程中，应与沉浸体验和体验价值相结合，将沉浸体验和体验价值作为全息智能健身的附加价值进行宣传，进而增加全息智能健身的销量。

1.3 研究的结构安排与研究方法

1.3.1 研究的结构安排

本研究从健身者体验的角度，探索了全息智能健身对健身者消费意愿的影响机制。全书共 5 章：

第 1 章，绪论。包括研究背景、研究意义、研究内容等。

第 2 章，研究理论与假设。包括全息智能健身的相关研究、沉浸体验的相关研究、消费意愿的相关研究以及体验价值的相关研究，基于 SOR 理论、沉浸理论、认知评价理论，建立理论模型，提出假设。

第 3 章，研究方法与设计。设计了调查问卷，通过前测性访谈、问卷试调查，提高了问卷的内容信度。基于前测数据，在分析问卷信度和效度后做进一步修正，得到正式问卷。

第 4 章，研究结果与分析。实证分析了正式数据，实证分析了各种假设，对假设得到支持与否进行了总结与分析，对相关数据进行了描述性统计，分析了数据效度和信度，进行了常用方法的偏差检查和实证结果检查。

第 5 章，研究结论与展望。提出研究结论与管理启示，为健身企业提出了以提高健身者沉浸体验和体验价值为基础的管理措施。健身企业应该关注健身环境的改善，通过全息技术与智能技术提升健身者的沉浸体验和体验价值，进而提升健身者的消费欲望。最后，指出研究局限，展望未来。

1.3.2 研究方法

1. 文献整理法

使用中国知网、万方、维普、优秀硕博论文库等，通过"全息智能健身""沉浸体验""体验价值""消费意愿"等关键词检索中文全文文献。使用 Web of Science、EBSCO、PsycINFO 等数据库，通过"holographic intelligent fitness""immersive experience""experience value"等关键词检索英文文献。搜集整理关于消费意愿和中介效应的理论和实证文献，提炼全息智能健身特征，初步界定全息智能健身、沉浸体验、体验价值的内涵、维度、前置影响因素及结果变量，对全息智能健身与消费意愿两个主题的研究现状和研究成果形成综合性认识。

2. 深度访谈

访谈法注重对质的研究，是社会科学研究中获取被访谈者第一手资料的重要方法之一。访谈法能够实时把握研究内容与研究过程，针对某一问题进行追问，获得深入且准确的研究资料。本研究通过半结构化访谈，分析中国文化背景下全息智能健身的特征，以全面把握全息智能健身的内容，帮助确定全息智能健身的核心维度，使后续的题目编制更符合中国智能健身市场背景。通过有偿形式对全息智能健身房的管理人员和基层员工、资深健身者、行业专家进行深度访谈。

3. 问卷调查法

问卷调查对量的研究较为重视，综合所得反馈，本研究严格按照标准化问卷开发流程设计问卷。除了全息智能健身特征用自行开发的量表，其他的都是使用较为成熟的量表，个人信息等控制变量采用填空或选择等形式，反复修改并完善调查问卷，通过前测检测，确保调查问卷稳定一致，同时保证与数据的契合度，形成正式测试问卷。

4. 数理统计法

首先，基于问卷调查所收集到的数据，运用 SPSS 26.0 和 AMOS 23.0 软件，检验问卷的信度和效度，分析问卷的内容和结构。然后，通过因子分析提取公共因子，对调查所获得的数据结果进行综合统计分析。使用了描述性分析、相关性分析、因子分析和结构方程模型等方法。

1.4 研究思路

首先，对研究现状及发展趋势进行了全面梳理，指出研究的切入点，确定研究目标和研究重点。其次，基于文献研究提出相关概念并开发量表，然后进行理论分析与实证研究模型构建。再次，通过收集、整理、实证，得出结论，提出今后的发展方向。

1.4.1 整理文献

系统地收集和分析全息智能健身特征、沉浸体验、体验价值、消费意愿相关理论和研究成果，厘清相关研究脉络、研究现状和发展前沿，明确研究的切入点，确立研究目标和研究重点，搭建理论框架，厘清研究思路，打好理论基础。

1.4.2 提出概念与开发量表

一是通过访谈、开放式问卷的方式搜集相关的条目，归纳全息智能健身整体性特征，界定全息智能健身、沉浸体验、体验价值、消费意愿的内涵与特征；二是开发量表，通过专家评估和问卷的方式，对问卷题目进行反复修正，提高问卷的信度和效度。

1.4.3 构建理论分析和实证研究模型

在界定全息智能健身特征、沉浸体验、体验价值等概念的基础上，按以下思路进行理论分析和实证模型构建：第一，理论分析全息智能健身与健身者消费意愿的关系。第二，理论分析沉浸体验和体验价值对全息智能健身与健身者消费意愿关系的中介效应。第三，数据搜集和实证研究。首先，设计调查问卷，提出具体的实证调研和操作方案。其次，验证所建立的实证分析模型及假设。最后，基于结构方程模型，检验全息智能健身与健身者消费意愿的主效应、中介效应，分析调查结果，论证假设。

1.4.4 总结

归纳研究所得结论，揭示全息智能健身特征，详细论述其构成维度，阐释全息智能健身沉浸体验、体验价值对健身者消费意愿影响的机理，形成全息智能健身消费意愿的理论体系，不断丰富消费意愿研究范式，针对后期实践提出有效建议。

1.5 主要创新点

健身行业追求的主要目标是让健身者再消费，已有研究主要关注营销手段（价格、优惠等），对健身环境、服务质量等方面的研究也较多，但营销效果并不明显。目前，高科技与健身行业结合，相关研究大多聚焦于高科技如何应用于健身领域，还没有很多研究关注到全息智能健身对健身消费意愿影响的机理。

本研究的创新之处在于：

第一，许多研究证实，高科技在健身领域的应用方面存在一定优势，但是没有针对高科技健身特定的运动机理进行深入的探讨。本研究根据已有文献提出的全息智能健身特征，结合健身者的体验，分析全息智能健身特征对健身者心理影响的机理。在此基础上，界定沉浸体验、体验价值的概念与特征，并结合现有量表设计相应的问卷。

第二，已有研究表明，健身环境对健身者的消费意愿会产生影响，关于高科技健身环境对健身者消费意愿影响的机制，目前大部分研究还停留在主观的思考和应然性的想象阶段，缺乏充分的证据和实践的验证，这对健身与科技融合的相关研究是十分不利的。本研究探讨在全息智能健身环境下健身者是如何产生消费意愿的，并将实证研究方法引入科技融合健身领域，通过实证检验沉浸体验和体验价值在全息智能健身对健身者消费意愿影响中的作用机理和作用效果。

第三，已有研究指出，虚拟现实技术和全息技术可以让健身者获得愉悦的感受和沉浸的体验，但现有的研究并没有厘清这些技术与健身的特征、健身者的体验和行为意愿之间的关系。本研究引入两个情绪变量，即沉浸经验与经验价值，根据 SOR 理论、沉浸理论、认知评价理论，探索全息智能健身对健身者消费意愿的影响过程中沉浸体验和体验价值的中介效应。

1.6 本章小结

本章开篇布局，坚持问题导向原则，围绕全息智能健身对健身者消费意愿影响的机制这一主题，阐述了研究背景。根据研究背景呈现的研究缺口，提出了本研究需要解决的问题。针对需要解决的问题提出了研究目标，并从理论角度和实践角度分析本研究的研究意义。同时，介绍了研究方法、研究创新点等。

第2章 研究理论与假设

基于第1章所提出的问题，参照所列研究内容，结合研究目的，对问题中所应用的有关理论加以阐述，对全息智能健身特征、消费意愿、沉浸体验、体验价值等相关变量进行综述，界定研究变量的核心概念，分析研究现状，找出研究的不足之处，确定研究的理论基础，以便后续研究的开展。

2.1 文献综述

2.1.1 全息智能健身相关研究

1. 全息影像技术

全息影像技术是一种先进的影像技术，具有一定的虚拟性，其基本原理是通过光学微波干涉仪将物体的光学波幅与相位同时记录，然后通过衍射原理重现（董必春，2017）。

全息影像技术具体分为四种（周皓，2015）：第一种是由美国的查丹恩发明的空中投射与互动技术，它是全息影像技术发展的一个里程碑。该技术利用“空中建筑”的原理，将影像投射到由水蒸气凝聚而成的水滴上，使交互影像投射到由气流形成的墙壁上。第二种是由日本一家技术公司开发的激光束投射技术，用激光束投射实体的 3D 图像，主要通过氮和氧扩散到空气中，使混合物转变为热的糊状物，从而在空中形成一幅短小的三维图像。第三种是雾幕三维影像技术，以空气中的微粒为载体，借助激光在空中形成影像，由雾化装置制造出一道人造雾墙，再与平面雾屏相结合，最后将影像投射到喷头墙上，从而构成全息影像。第四种是全息投影技术，通过 360 度全息显示屏，可以将影像投射到高速转动的镜面上，最终形成立体影像。

目前，全息智能健身使用的就是 360 度全息显示屏，也被称为沉浸式投影。其实现方式有两大类：一是利用投影机，在四边（或者六个方向）的空间中投射展示的内容，从而创造出一个完全沉浸的投影区。二是利用 LED 屏幕等显示装置，为健身者带来沉浸式体验。本研究中全息智能健身的全息投影指的是利用 LED 屏幕等显示设备来实现的全息效果。

目前，全息技术已经在文化、教育、机械设备等领域广泛应用。佟婷等（2015）从体验的视角，对全息技术与文化生态的结合进行了探讨。李佩佩等（2017）从智慧学习、智慧课堂、智能教室、智慧实验室等角度，深入研究智慧教育中全息技术的应用现状，并展望了今后的发展趋势。周阿维等（2017）针对飞机桨叶型面复杂、曲率变化大等问题，采用锥形极化全息技术，通过在同一光束的照射下，测量目标的法向角与光轴方向的变化，有效地防止了因叶片曲率变化而造成的测量误差。实验证明，这种方法的重复性不超过 8 微米，能够满足飞机叶片自适应切削的测量需要。

2. 智能健身

近几年，大数据等高新技术快速发展，智能化正在成为各类主体积极探索转型的产业趋势。刘卫国（2011）认为，“智能”是由两个关键词组成的，即“智慧”和“能力”，他把智能分为四个方面：感知、记忆和思考、学习和适应、行为和决策。随着智能化技术的快速发展，商业健身房也逐渐走向智能化，基于智能硬件以及软件设备，将运营管理、会员服务等有效结合，加强与周边产业合作，逐步向商业健身会所发展，经营管理水平不断提高，实现经济效益最大化（包鹏程，2020）。

具体来说，智能健身房具备传统设备的智能化、运营管理的智能化、物质环境的智能化的三大特征。当前，健身房智能化设施包括智能操房、智能体能测试仪、智能有氧设备和智能无氧设备（包鹏程，2020）。健身会员全面测试需要用到智能体能测试仪，在形成相关数据报告之后会传至会员的智能手机上，健身会员在进行相关运动时会以该报告为依据，具有一定科学性。智能操房、智能有氧设备、智能无氧设备则会根据健身者的实际需要提供智能化的选课、指导、反馈等工作。健身房运营管理的智能化主要表现在教练、会员、营销三个层面上。教练管理的日常考勤、工作安排、绩效等都可以通过手机端完成。会员锻炼情况可以制作成表格保存在电脑和手机 App 中，会员和教练可以随时了解锻炼情况。在市场营销上，目前大部分健身房采取线上和线下的销售模式，通过 App 向会员发布会员卡和课程，利用个性化的设置吸引更多的顾客。物质环境的智能化则表现在门禁系统、存储系统、淋浴系统、安保系统等方面。基于以上分析，智能健身房实质是健身场所在高科技的推动下，将硬件、软件设备有效结合，在降低人力成本的同时，为健身会员带来好的体验。

3. 全息智能健身

全息智能健身房是以“LED 全息显示系统＋互联网＋物联网”为途径，构建线上线下互联互通的健身平台，由 LED 全息显示系统、智能化管理系统、智能化健身器材构成。全息智能健身房的评判标准包含三方面：前端如品牌健身 App 或微信公众号平台等、物联硬件、后台 CRM 系统。前端如品牌健身 App 或微信公众号平台等供用户进行功能应用，如场地预约、健身数据储存和查阅、商品购买等。物联硬件包括前沿科技设施（人工智能、物联网、大数据引擎）、LED 显示屏打造的全息场景（全息场景下的趣味健身）、自主式专业课程、数字化的全程反馈（训练反馈、经营数据反馈）。后台 CRM 系统则是由健身房管理人员使用，用于强化健身房与健身者的黏性。全息智能健身房、智能健身房、大型商业健身俱乐部和大型连锁健身房、中小型工作室的对比如表 2.1 所示。

表 2.1 各类型健身房对比汇总

	全息智能健身房	智能健身房	大型商业健身俱乐部和大型连锁健身房	中小型工作室
工作时间	24 小时	24 小时	早 9 点至晚 10 点	早 9 点至晚 10 点
占地面积	500 平方米以下	500 平方米以下	1500 平方米以上	500 平方米以下
选址情况	社区、商业中心	社区、商业中心	商业中心	社区
基础设施	简单器械、智能型设备、LED 全息系统	简单器械、智能型设备	器械、设备齐全	简单器械
价格	适中	低	高	弹性大
产品	办卡＋私教	办卡＋私教	办卡＋私教	办卡＋私教
消费者	零基础用户，以便捷性为主	零基础用户，以便捷性为主	专业健身、减脂塑形、增肌塑形、减肥需求	针对性健身需求
顾客需求	方便、经济、时尚、趣味性	方便、经济	基础设施完善、私教的水平较高	方便、专业指导
产品体验	氛围好、趣味性高、科技感强	社交氛围好、智能性强	健身氛围轻松、专业性强	专业指导、效果好
健身特征	沉浸性、智能性、互动性、娱乐性	沉浸性、互动性	专业性	专业性

资料来源：根据相关研究整理。

全息智能健身，顾名思义，就是将全息投影技术与智能健身有机结合起来，依托先进的人工智能技术打造，通过全息技术及人工智能等实现场景包裹，多点、多人实时互动训练，可视化训练过程，实时反馈训练结果及趋势分析，专业训练保障，是一种全新的智能化健身模式。目前，全息智能健身特征并没有成熟的归纳与划分。本研究基于文献梳理、实地调查、专家咨询，认为全息智能健身具有沉浸性、智能性、互动性、娱乐性等特征。

（1）沉浸性

“沉浸”一词，多用来形容全身心投入某一领域或思维活动中，全神贯注于某种事物。虚拟现实技术给人一种身临其境的感觉，被用户的感知系统所感知。当用户感知到来自虚拟现实世界的刺激时，便会形成心理沉浸（廖斯羽，2018）。随着数字经济快速发展，沉浸式体验风靡全球，涉及文化、科技、娱乐等方面。全息智能健身将健身运动和大荧幕很好地结合，融合了全息屏幕、人工智能的视觉识别、大数据分析，为健身者提供健身指导，让健身者在休闲的同时，达到健身的效果。其中，全息投影技术通过 360 度环形 LED 屏，将健身者带入各种奇幻的场景中，让健身者完全融入情境，有一种身临其境的感觉。如瑜伽、动感单车、跑步机、全息投影多人互动训练、大屏幕虚拟教练等，都能让人身临其境。

（2）智能性

全息智能健身与传统健身相比较，最大的不同就是智能化程度的提升。智能化其实与人性化关系密切，当人性化不能够满足需求的时候，智能化就是对人性化的一个提升。全息智能健身利用 AI 技术，构建一套全息训练系统。这个系统不但容易上手，而且很智能，充满科技感，能有效地避免不正确的运动，极大地提升了用户的安全性。另外，通过一条手臂带进行实时监测和数据分析，向健身者反馈数据，能让健身者更好地掌握自己的健身状况，从而进行有效的训练。课程内不仅有 AI 虚拟教练系统，也有多种训练方式，更具专业性、智能化和丰富性。智能沉浸式训练能提升健身者的运动兴趣，让健身者在不知不觉的情况下，快快乐乐地完成训练，养成健身的好习惯。

（3）互动性

互动性是参与者在相互交流中拥有的控制力以及角色变换的程度（Williams，1992）。互动性也是全息智能健身的典型特征。传统健身房中，多数项目由健身者独自练习，健身者之间的互动、健身者与健身设备之间的互动少之又少，这种传统的机械运动枯燥乏味，大部分健身者不能长期坚持。“LED 屏＋运动＋休闲”的健身模式为消费者提供了震撼的视觉冲击和身临其境的健身体验，增强了趣味性。另外，健身设备的智能化使得人机互动、人际互动的频率提高了。图 2.1 为动感单车与全息 LED 显示屏的互动原理。

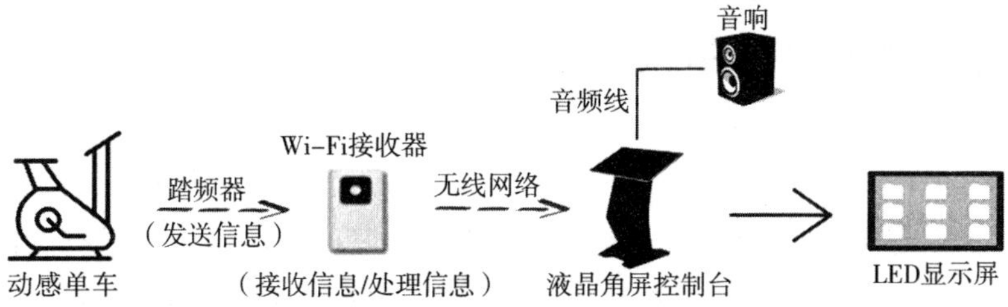

图 2.1　动感单车与全息 LED 显示屏互动原理

（4）娱乐性

从不同的角度对娱乐性这一概念进行诠释，其见解不同。从心理学角度来说，游戏的娱乐性是玩家在游戏过程中对游戏的整体感知，即玩家在游戏环境中的良好体验（Bryant et al.，2006）。通过运动来减肥、增肌，大多数人无法长时间坚持，只能坚持一小段时间，全息智能健身能很好地解决这一难题。首先，全息智能健身房将健身者带入类似科幻电影的空间，给人一种全新的体验，让健身者的身体变得更加放松。同时，健身房有针对性地打造虚拟健身体验、课程、音乐、环境等内容，给人一种全新的健身体验，能吸引大批健身者前来健身。其次，通过多媒体交互技术，健身项目不断增多，也更具娱乐性，让健身者对健身项目产生兴趣。运用高科技，既能给健身者提供运动辅助，又能让健身者掌握自己的动作幅度，感受动作的发力点，不仅能达到良好的健身效果，还能最大限度地保证健身者的安全。

4. 全息智能健身述评

目前，全息技术的应用已经相当广泛，从研究角度来看，大多集中在技术的应用研究上，涉及运动健身的全息技术研究并不是很多。比较而言，智能健身的研究成果颇丰，主要集中在智能健身设备的研究以及智能健身俱乐部服务与运营模式的研究方面，关于智能健身对健身者的影响等微观层面的研究相对较少。全息智能健身近几年刚刚兴起，至今仍没有统一的概念。本研究结合全息智能健身特征，在全息技术和智能健身概念的基础上，界定全息智能健身的概念和特征。

2.1.2 沉浸体验相关研究

1. 沉浸体验内涵

美国心理学家 Csikzentmihalyi（1975）研究证实，运动者只有在运动中感到足够的充实、愉悦，才会专心致志于正在进行的运动中，甚至达到忘我的状态。这种令人难忘的体验，构成了运动者进行运动的内在动力。他把这种现象称为沉浸体验（flow experience），并把“沉浸”定义为“幸福的一个重要因素”和“人们觉得自己是全身心投入的”。沉浸体验是指个体将全部注意力放在某一活动上，并达到忘我状态（Csikzentmihalyi，1975）。根据研究需要，中国学者将“flow experience”译为“沉浸体验”“心流体验”“畅快体验”等（黄育花，2018）。沉浸体验的典型定义如表 2.2 所示。

表 2.2 沉浸体验的典型定义

作者及时间	沉浸体验的典型定义
Csikszentmihalyi（1975）	个体将所有精力都投入高难度活动并由此产生的一种忘我心理状态
Ghani Satish（1994）	个体在平衡自我认识活动的应对能力和艰难度时产生的心理状态
Jackson（1996）	个体技能与所面临的挑战相互平衡时所表现出来的一种积极状态
Sorrentino，Walker，Hodson（2001）	个体在活动顺利的情况下不自主产生的一种良好感知
Ellis，Voelkl，Morris（1994）	沉浸体验是个体参与活动时由于任务挑战和技能平衡而产生的最佳体验
Privette，Bakker（2008）	沉浸体验是一种类似于巅峰体验和最佳性能乐趣的体验，这种体验本身并不代表着最好的表现，但可能涵盖其中的一种或两种
Chou，Hu（2012）	沉浸是专注、内在享受的同时存在的一种最佳体验
Huang（2006）	沉浸是围绕兴趣而展开的，是控制感、注意力等的完美结合
雷雳，马晓辉，王薇（2012）	个体全身心地参与活动中而出现的不受外界干扰的一种积极的忘我的情绪体验
陈欣（2014）	沉浸体验是个人以高程度积极情绪全身心投入整个活动，达到一种完全忘我状态
任俊，施静（2009）	沉浸体验是个体在不断努力过程中所能感受到的一种情绪状态

续表

作者及时间	沉浸体验的典型定义
王娜（2014）	沉浸感是人们全身心投入某项活动，并由此产生的一种情感体验
景娟娟（2015）	沉浸体验是一种正面的心理经验，它促使人们不断重复相同的活动，并从中得到满足和快乐

资料来源：根据文献整理。

综上，由于研究领域不同，学者的关注点也不一样。目前，学术界并没有明确给出沉浸体验的含义。综合学者的理解，在沉浸体验时，人们处于完全忘我的状态，无法记起与周边环境相处的时间，从而获得了共同的体验，比如愉悦等。基于此，将全息智能健身沉浸体验定义为：健身者在全息智能健身环境中，能够完全投入其中，专注于当前的锻炼任务，身处可控性、挑战性较强的健身活动，失去其他无关的知觉，感受到愉悦的精神状态。

2. 沉浸体验的模型

个体从事某项活动，以技巧、挑战两者的平衡性作为判断依据来对其是否产生沉浸体验进行判断。Csikszemtmihalyi 和 Rupayana 分别提出了早期的三通道模型、中期的四通道模型和后期的八通道模型，用来阐述体验者在某一项活动中的心理状态。经过多年的研究，Csikszemtmihalyi（1990）将沉浸体验划分为九个维度（表 2.3）。Jackson 和 Marsh 通过实证研究证实了沉浸体验确实是由这九个维度构成。

表 2.3　Csikszemtmihalyi 沉浸体验的维度及定义

维度	定义
挑战、技能平衡	指个人的能力与任务的挑战性相平衡，过难和过简单的任务都难以产生沉浸体验（Csikszentmihalyi，1975）
明确的目标	指个体能精准预测活动结果，能长期坚持活动，并通过活动不断提升自身能力（Csikszentmihalyi，1997）
注意力	有限刺激空间的注意力集（Csikszentmihalyi，1975） 专注于手头上的任务（Csikszentmihalyi，1990）
明确的反馈	在活动过程中，结果可以及时清晰地被个体感受到

续表

维度	定义
感知控制	个人可以控制活动的结果（Csikszentmihalyi，1988） 缺乏失去控制的担忧感（Csikszentmihalyi，1990） 在困境中行使控制感（Csikszentmihalyi，1990）
知行合一	人们变得如此投入他们正在做的事情中，活动变得自发，几乎是自动的（Csikszentmihalyi，1990）
时间失真	时间感的扭曲（Csikszentmihalyi，1988） 时间似乎不再像平常那样（Csikszentmihalyi，1990）
自我超越	暂时失去自我的认识（Csikszentmihalyi，1988） 没有足够的注意力让一个人考虑过去或未来，或任何其他暂时无关的刺激（Csikszentmihalyi，1990） 与环境结合的感觉（Csikszentmihalyi，1990）
极致体验	最佳体验的关键因素是它本身就是一个目的（Csikszentmihalyi，1990）

资料来源：根据文献整理。

以上沉浸体验的九个维度把沉浸和它的前因后果混杂在了一起，沉浸体验实际上只包括三个方面：全身心投入当前任务、潜在控制感、意识和动作的有机融合。其余相关的特征属于体验的前因后果（Novak et al.，2000；Chen et al.，1999）。基于此，沉浸体验维度的研究越来越深入。比如，Remy在其研究的过程中，将沉浸体验看作单维结构变量，主要特征是全身心投入实际活动中，而且意识和行动有效融合，专注于当前任务并失去自我意识。Bakker（2008）将工作的沉浸体验划分为全神贯注、享受和内在动机三个维度。很明显，沉浸体验维度并没有统一的划分标准。目前，Csikszentmihalyi的九因子模型是最为全面的划分标准。后来，Jackson（1996）为了测量运动者在运动中的沉浸体验状态，编制了沉浸式状态量表（FSS）。之后，为了对沉浸体验出现的概率以及沉浸程度进行评估而编制了沉浸式倾向量表(DFS)，通用性较强。两个量表的编制都是基于Csikszentmihalyi的九因子模型，包含9个维度、36个主题，在学术界引用较广。因此，本研究选用该量表来测量全息智能健身沉浸体验。

3. 沉浸体验的实证研究

现有的研究显示，进行教育、运动心理学等方面的研究时，运用沉浸体验理论较多。

一类研究集中于某一环境下沉浸体验产生的机理。褚婕等（2020）对虚拟现实技术（VR）＋沉浸式体验式教学的临床应用进行了分析，与传统教学相比较，VR＋沉浸式体验式教学能有效地提高学生的学习质量和满意度。高静（2017）从社交媒体的自我建构、顾客价值与沉浸感关系的研究中发现，在高度依赖自我建构的情况下，使用者的社会价值与内容价值都会增加，而更多的社会价值与内容价值则会提升使用者的沉浸感。江晓东和余璐（2010）对网络游戏相关的玩家沉浸体验进行了研究，发现玩家忠诚度直接受在线游戏质量的影响，而有些效果则是间接地透过沉浸体验来达到。张洪等（2020）研究发现，商务环境下的社会支持、社会存在和沉浸性对社会化经营具有重要的作用。张晓婷等（2021）通过对 VR 交互体验的研究，验证了自然、稳定、多路的复合设计对提高沉浸性和舒适性具有一定的实用价值，能提高虚拟现实的沉浸性，并能有效地减少虚拟现实中的运动症，无不良反应，具有良好的舒适感。

另一类研究集中于特定环境中的沉浸感对使用者的行为倾向和行为的影响。周丹等（2021）对护理人员工作沉浸体验与工作兴奋和创意行为之间关系的研究证明，护理人员工作沉浸体验可以改善其工作兴奋感，并能促进其创造性行为。朱静等（2017）对手机阅读体验对用户黏性的影响研究显示，系统的可用性、即时反馈等对沉浸感有正面的影响，身临其境的体验正向影响用户的不断使用；在社交平台的特性与用户的持久使用意愿之间，身临其境的经历具有一定的中介效应。

在运动领域，研究运动心理学时较多用到沉浸体验。Jackson 在研究中证实，大部分优秀运动员会在训练和比赛的时候，出现沉浸其中的感觉。他把这种沉浸式的感觉看作运动员在面对挑战的过程中所表现出来的一种积极的心理状态，运动员全身心地投入训练和比赛的状态，有助于运动员成绩的提高。Jackson（1996）对沉浸体验特征进行了研究，认为其包括高度控制、时间转换、目标明确等九个方面。孙延林等（2000）采用因素分析方法，对国外的体育沉浸体验问卷进行了翻译，并进行了相关分析。胡咏梅等（2002）对中国女排运动员在比赛中的表现进行研究发现，在比赛中，优秀运动员要比普通运动员的沉浸感更好。通过对其他体育项目的调查，发现沉浸感与比赛表现有很大的关系。翁银和李凌（2020）以心流体验和心流体验机制为理论基础进行研究，探讨了滑雪运动的心理特征和滑雪运动的可持续消费心理模式。

与 VR 相关的运动沉浸体验多数集中在 VR、全息技术与健身结合等方面。张杨昊等（2021）设计了 VR 健身自行车，在 VR 场景中，将 VR 健身自行车的速度和虚拟自行车的速度相结合，利用电吹风让体验者感受运动的速度，极大增强了使用者的沉浸感、交互感、想象力。翁子璇（2017）通过调查传统的健身市场和 VR 产品，得出能够通过 VR 技术，打通产品、服务等方面的技术壁垒，为后期健身行业 VR 发展质量的提高带来更大的推动力。胡朝阳（2019）研究实际项目与 VR 健身单车竞赛，对用户体验（UX）在虚拟技术条件下的应用进行了深入的探讨。研究发现，虚拟技术在分享话语系统中增强了沉浸的感觉，使得体验没有边界、没有分歧，而虚拟技术也成为一种广泛的娱乐媒体，让人在其中尽情地投入和享受。刘子涵（2018）认为，利用 VR 技术开发体育健身类游戏，可以在使用者的大脑中模拟出一个虚拟的健身场景，提高了健身者在运动中的沉浸感和兴趣，但是戴上 VR 眼镜运动并不是很方便，同时还会让健身者有一种眩晕感。这也给本研究提供了思路，全息智能健身不仅达到了 VR 健身的有效性和趣味性，同时摆脱了穿戴设备的束缚，能够使健身者自由地运动。龙娟娟（2016）结合有关的心流体验理论，归纳出几种提高用户黏性、优化用户体验流程的设计策略，从而让用户获得心流体验。翁子璇（2017）从科技赋能的全新的健身环境视角，对 VR 应用于 Steam 平台中不同运动项目的消费者体验进行了研究。翁银和李凌（2020）以心流体验机制为理论基础，构建了基于滑雪消费体验机制的理论模型。

4. 沉浸体验研究述评

通过文献梳理发现，运动领域是最初研究沉浸体验的领域之一。Jackson 和 Marsh 通过在运动领域的实证研究证实了 Csikszemtmihalyi（1990）提出的沉浸体验是由九个维度构成的观点，为后续相关研究奠定了基础。研究表明，沉浸式体验给用户行为意愿带来的是一种隐性影响。目前，在运动健身领域，沉浸体验研究多数集中在 VR 与健身结合的领域，一般只关注一个特定的沉浸形式，缺少系统的关于沉浸体验的研究。目前，还没有关于全息智能健身沉浸体验的研究。

2.1.3 消费意愿相关研究

1. 消费意愿的内涵

工业革命以后，由于产品供给过剩和企业间的激烈竞争，消费者意愿受到关注，相关研究得到了迅猛的发展。在中国，消费者意愿的研究在市场经济条件下才开始被关注，并且趋向于描述性。消费意愿是对消费者的主观购买行为可能性的评价。1977 年，Fishbein 和 Ajzen 第一次提出了消费意愿的概念，指消费者主观上想要得到某种产品或服务愿望的强弱程度。Fishbein（1977）认为，消费意愿是消费者个人的主观行为，是其采取实际消费行动的可能性。Mullet（1985）认为，消费意愿实质上就是一种心理动机，是消费者购买相关服务和商品时所产生的。也就是说，消费意愿是消费者未来打算或者愿意购买某种商品或者服务的可能性（Kang et al.，2016）。Schiffman（1991）指出，消费者为了满足自己的需求，对相关商品和服务进行购买、评价、使用等，都是消费者的消费行为。Martins（2019）指出，消费意愿作为消费者购买行为的一个重要影响因素，直接影响到消费者的实际购买行为，消费意愿越强，消费概率上升概率也就越大。

综合上述观点，充分了解消费者的消费意愿非常重要，通过测量消费者的消费意愿可以预测消费行为。有学者认为，可以通过消费意愿的评估，理解并建立消费者对于产品或品牌的忠诚度（Dick et al.，1994）。在捕捉消费者的心理方面，对意图的测量可能比对行为的测量更有效（Day，1969），消费者可能会因为规范的约束而购买产品，不一定代表了真正的偏好。从现有文献来看，目前关于消费意愿的定义，主要表现为两种（项益鸣，2015）。一种是从利益的视角出发，另一种是从感性的视角出发。Zeithaml（1988）认为消费意愿是消费者在消费过程中感知到商品或服务的价值后是否进行消费的态度。Kotler（2002）认为消费意愿是消费者为了达到自身需求，在对产品进行购买的过程中所做出的选择以及情感波动。

考虑到实际研究需要，在本研究中，消费意愿是指全息智能健身消费者试图购买某种健身产品或服务的可能性。

2. 消费意愿的衡量维度研究

目前，学术界对消费意愿的形成以及消费行为的影响因素关注度较高。Ajzen（1991）对消费者购买行为进行预测时，用到了计划行为理论，预测消费者的购买行为。之后，学者用实证研究证明了计划行为理论对消费者的消费意愿和消费行为进行预测的可行性。在计划行为理论与理性行为理论框架中，消费者消费意愿的产生受行为态度、主观规范等多种因素的影响。消费意愿是行为的中介变量（Fishbein，1975），意图体现设定目标和行为水平以及个人自我承诺的水平。Zeithaml（1988）认为，消费者先有商品和服务价值的感知，之后才会产生消费意愿，再考虑是否进行消费。Fishbein在对民众态度给医院带来的影响进行审视时，用到了理性行为模型。如果对消费者行为意向进行归纳总结，可以分正向和负向两类，口碑传播、重购意向等属于正向行为，转换意向、抱怨等则属于负向行为。学者们在研究中采用的衡量指标如表2.4所示。

表2.4 消费者消费意愿衡量指标

研究者	时间	衡量指标
Boulding	1993年	重购意向、是否愿意推荐
Zeithaml	1988年	可能购买、想要购买与考虑购买

续表

研究者	时间	衡量指标
Doddetel	1991 年	搜寻产品信息所花费时间多少、产品试用的优先级、考虑采用优先级
Biswas	1992 年	购买产品的可能性、推荐他人购买产品的可能性
Schiffman，Lesie	2000 年	绝对会买、可能会买、不确定会买、可能不会买、绝对不会买
庄立民	2006 年	考虑购买该产品、购买该产品的可能性、推荐他人购买该产品

资料来源：根据文献整理。

基于上述学者的观点，该研究主要参考 Boulding（1993）开发的量表。

3. 消费意愿的实证研究

学术界经过不断的研究，总结出影响消费意愿的几大因素。

（1）基于消费者特征和产品特性的影响研究

从研究结果来看，影响消费者消费意愿的因素比较多，其中影响较大的是消费者特征和产品特性。在消费者特征方面，McNeill 等（2014）比较了新西兰和中国消费者对不同促销技巧的反应及满意度，发现在中国，收入高的受访者对促销更感兴趣，对促销交易体验也更满意。在新西兰，调节消费者对不同促销技巧的反应的关键因素，发现女性比男性有更高的满意度。Heyman 等（2004）考察消费者对同一商品的购买意愿发现，消费者的年龄、文化水平、消费经验以及社会参与度等因素会显著影响消费者的消费意愿。黄静等（2021）指出，当消费者在消费过程中感到自己的控制感较低时，则消费意愿会提高，也就是控制意识的缺失会导致消费意愿的高涨，这个过程还受到限制性（对消费过程或结果的确定性程度）的调节作用。具体而言，相比于低限制性，创造体验型消费限制性较高时，缺乏控制感对消费意愿的影响减弱（Nwankwo et al.，2014）。此外，在不同的设计中，顾客的购买意图随着其个性要求的不同而不同（Andreia et al.，2017）。从商品属性来看，消费者的购买行为在很大程度上受到商品奢华度的影响（Frank et al., 2018），西方人更倾向于家居用品，而中国人有较高的意愿购买手表、首饰等。同时，消费者的购买意愿也直接受到产品外观的影响。如果产品具有一定的亲和力，则会与消费者之间建立起良好关系，消费者的购买意愿也能得到提升。众多研究显示，对消费者的消费行为、购买意愿进行解释时，从商品特征、消费者特征等角度进行思考，则会争议不断。Kim 和 Lee（2015）进一步探讨了消费者特征和产品特性之间的一致性，并探讨了这种匹配的内在机理。卢长宝（2020）的研究结果表明，在有限销售模式下，商品种类能够调控消费者的预期心理和购买意向。在商品环境中，供货商从源头上限制商品的供给，可以营造出一种商品短缺的印象，消费者的购买意向也会因此受到影响。同时，限制数量的变化，会导致购买意愿的明显变化，限制数量多时影响最大。Gauri（2017）发现，功能推广似乎能够创造商店流量，最有效的推广方式便是提供高渗透率、高频率的产品。比如：品牌商品的促销比非品牌商品的促销更有效；打折的商品似乎能增加商店销售额，并与更高的利润率相关；可存储物品在生成流量方面的有效性不如非可存储物品。此外，在同一个品类中，对更多的商品打折销售（增加商品的宽度）似乎确实会降低商店的利润率，这表明，对一个品类中的大部分商品打折销售，可能与销售产生的利润不匹配。

(2) 基于消费体验的影响研究

消费体验是指消费者在使用商品或服务时的心理感受。当前，消费者在网络环境下的购买意愿受到众多学者越来越高的关注。Jarvenpaa 和 Todd 发现，在网络环境下，其他消费者对产品的评价、消费者在网络上与商家和其他消费者的互动会对其消费意愿产生显著影响。

也有学者专门研究了网络口碑给消费者的消费意愿带来的相关影响。结果发现，消费者会提前通过在线互动向其他消费者和好友了解商品的信息，以提高自己对目标商品的了解程度，最终形成消费意愿。赵雨柔（2023）的调研结果显示，顾客的购买意愿和推荐倾向明显受顾客的感官体验、情感体验、行为体验等因素影响。王炎昊（2017）的研究结果显示，员工行为体验、功能体验、问题处理体验、产品属性、硬环境等五个因素对投资收益体验具有显著的影响。

近些年，关于人工智能、大数据、虚拟现实等健身领域中体验消费的研究逐渐增多。夏婧（2021）以 SOR 理论模型为基础，经过研究分析之后发现，现场观众的购买意向直接受观看体验的影响。时昊阳（2019）认为体验式运动业态的崛起，将会给体育消费与全民健身带来新的发展活力。

(3) 基于体验价值的影响研究

消费者在对产品功效进行整体评估时，主要参考的是客户价值，是消费者在体验产品或服务中所感受到的收益与付出的折中，也就是强调产品和服务的价值（Zeithaml，1988）。经过多年的研究，Varshneya（2017）认为在产品和服务中，除了产品价值、服务价值外，还有经验价值。消费者的经验价值是通过对产品或服务的直接或间接观察而得到的。Mathwick（2001）认为，不同类型交互体验价值是相对的，具有一定可比性。当前，学者根据不同的消费体验情景，从理论角度来分析客户体验价值，并形成了一套完整的客户体验价值理论。在对线下产品消费的顾客体验价值研究中，Sheth（1991）、Sweeney（2001）、Varshneya（2017）发现，在烟草、耐用品等消费环境中，消费者的体验价值体现在功能、社会、情感、认知、条件、享乐、伦理等方面。关于消费意愿与体验价值之间的相互关系，施家瑜（2021）认为，体验价值对大众的健身消费行为有明显的积极影响，需求导向对大众的健身消费行为起到了中介效应。王雪莲等（2021）在研究中发现，网络知识付费的用户，可以通过在线的知识付费项目来获取和使用价值，从而获得全新的价值体验。李凌等（2019）认为，投注依赖和经验价值之间的相互作用与购买意愿显著正相关，投注依赖和经验价值强度愈大，则购买意愿愈强。

4. 消费意愿的研究述评

众多学者在消费意愿研究方面取得丰硕成果。首先，关于消费意愿的概念研究颇丰，但理解并不统一，主要有两种理解倾向：一种是指消费者有可能购买某种物品或服务；另外一种是从利益或感性的视角进行阐述”。本研究中，为了全面考察全息智能健身消费意愿，涵盖以上两种理解。其次，关于消费意愿维度的划分，目前并不统一。在众多正面意愿中，重购意向、正面宣传、口碑传播、购买行为等指标已达成共识，运用也非常成熟。最后，消费意愿一直是消费者行为学领域研究的重要落脚点，相关实证研究广泛，影响因素庞杂，归纳起来主要集中在产品属性、消费者特征、消费体验和体验价值等方面。从消费者心理层面探讨消费意愿的研究逐渐增多，如网络消费体验、旅游体验、虚拟现实的游戏体验等，到目前为止，健身领域的相关研究还不多见，进而更好地为本研究指明了方向。

2.1.4 体验价值相关研究

1. 体验价值的内涵

体验价值属于全新的消费者价值观念，在体验经济环境下形成，体验价值是决定消费者行为的一个重要因素。1985 年，Poter 最早提出“买方价值”这一概念，同年在其著作《战略优势》中，提出了“顾客价值”概念，并认为企业在竞争中取胜的关键是企业创造的顾客价值。早期的相关研究，更多的是从顾客利得和利失的视角展开。Zeithaml（1988）认为，顾客感知价值是其在实际消费中对比总体收益和成本并给出评价，在此基础上形成的一种对购买商品和服务的整体认知和评价。Woodruff（1997）认为，客户价值一直处于动态变化中，是从“属性－结果－满意”进行的层层递进的动态评价。进入体验经济时代，企业开始进行体验展示。《体验社会经济》明确指出：不同于以往经济形态提供的商品与服务，体验是人类发展史上提供的第四种经济产物。为人们提供个性化的体验，促进了消费者对体验的强烈追求（花建等，2019）。在这样的背景下，越来越多学者开始专注于体验价值的研究。从现有的研究来看，学者们从不同学科对体验价值进行界定，对体验价值的理解并不统一，如表 2.5 所示。

表 2.5　体验价值的定义

研究者	时间	定义
Zeithaml	1988 年	顾客体验价值由所提供服务的企业来决定，是消费者对其商品和服务给出的综合性评估
Csikszentmihalyi	1988 年	顾客对外界消费环境刺激所产生的感受，消费者在外部消费环境中受到的影响往往来自个人和消费阶段的个人体验
Schmitt	1999 年	体验价值是消费者基于消费活动给出的带有消极性的回应及认识，是消费者对产品或服务的直接使用和间接观察
Holbrook	1999 年	体验价值分为客户价值和产品消费价值，具有独特性和个人偏好，用户和产品在互动中会产生体验价值
Mathwick	2001 年	体验价值是基于产品服务属性、使用属性给出的一种正面评价和感知
张成杰	2007 年	游客体验价值是旅游者在旅游消费过程中，根据关键环节的自身效益实现程度进行的评价
张凤超，尤树洋	2009 年	体验价值是指消费者在实际的消费过程中，通过与公司合作而产生的一系列不同的知觉状态和价值观念
魏遐	2012 年	体验价值是旅游过程中对产品、服务等产生的交互体验
黄猛	2014 年	体验价值是旅游核心吸引物对游客效用的大小
姜忠辉	2012 年	体验价值是基于商家所提供的产品、服务所获得的总体价值

以上关于体验价值的定义，表述有所差异，可以进行如下归类：

第一类，偏重顾客的理性判断。这种认识把体验价值看成顾客价值的一部分。从性质上来看，属于情境体验，体现出一定的主观性和差异性。Holbrook（1999）将客户的价值划分为功能性需求、体验性需求、象征性需求，他认为体验性需求体现为感官愉悦、认知上的刺激等，把客户的价值分为实际价值与经验价值、功能性利益和象征性利益。基于这些理解，体验价值实质上就是一种情感体验感受，是顾客价值中非常重要的构成要素之一。

第二类，偏重顾客的感性认知。这种认识把体验价值作为消费者在消费活动中的价值判断标准，既有环境性，又有整体性，与顾客感知价值等量齐观，但更侧重于顾客角度的感知评价，对与消费者情绪相关的感受较为重视。

第三类，偏重动态发展的体验价值。该观点认为，体验价值的一大特性就是价值共创，不仅包括顾客与商家的互动，还包括后续分享所产生的其他价值，具有复杂性和多维性。

表 2.6　体验价值内涵的三类观点

观点	阐述	特性	代表学者
偏重顾客的理性判断	体验价值是顾客价值的一部分	差异性 主观性	Holbrook Hirschman，Gilmore
偏重顾客的感性认知	体验价值是顾客在消费过程中所表现出来的价值评判标准	情境性 整体性	Schmitt，姜忠辉
偏重动态发展的体验价值	体验价值具有价值共创的特性，不仅包括顾客与商家的互动，还包括后续分享所产生的其他价值	复杂性 多维性	Mathwick，Tynan

资料来源：根据文献整理。

基于前期研究结论，本研究对体验价值给出全新定义：健身消费者在整个全息智能健身体验中所得到的感受与评估，包括服务品质、功能价格、情感认知等各个层面。

2. 体验价值的维度

体验价值是指消费者对整个产品和服务的全部认知所产生的一种全面的感受与评估，这些感悟构成了体验价值的维度，也是体验价值研究的基础。多年以来，学界对体验价值的结构维度进行了探讨。由于学者们的研究需求不同，体验价值的维度划分至今尚未统一。归纳来看，目前大概有三种主流划分方式，即内省式、关联式和层次式（张凤超 等，2009）。

第一种，内省式体验价值。内省式体验价值主要基于用户心理感知的视角，强调客户的内部认知在客户体验价值形成中的重要作用，多用于虚拟游戏、网络购物等消费活动的研究中。

第二种，情景关联式体验价值。情景关联式体验价值基于用户情境感知的视角，强调消费环境和顾客之间的关联性，并得到相关学者的支持。Mathwick（2001）在实际研究中，将体验价值分为服务优越性、趣味性、客户投资回报、美感四个价值维度。

第三种，层次式体验价值。层次式体验价值基于用户体验的视角，强调顾客在消费过程中不同层次消费需求的满足。Schmitt（1999）、李建州和范秀成（2006）等学者支持此观点。

对于顾客体验价值，学者们从不同角度给出了相应分类。本研究在对体验价值维度进行划分时，同时考虑到顾客作为理性与感性的结合体，兼顾消费者和消费环境的关联性。本研究认为，全息智能健身会让健身者产生心理体验，基于用户情境感知的视角，强调消费环境、顾客之间的关系，同时强调顾客在消费过程中不同层次消费需求的满足。因此，本研究中的体验价值将 Mathwick（2001）、Schmitt（1999）划分的维度融合在一起，即投资报酬、功能价值、社会价值、享乐价值 4 个维度。

表 2.7 体验价值维度

种类	维度	学者
内省式	心流、控制、放松、无聊、冷漠、忧虑、焦虑、激励	Csikszentmihalyi
	身临其境、情境联系、胜任感	Takatalo
关联式	外在与内在、自我导向与他人导向、主动与被动	Holbook
	顾客投资报酬、服务优越性、美感、趣味性	Mathwick
层次式	体验过程分为感觉、情感、思考、行动、关联五个部分，分别对应不同层次的体验价值	Schmitt
	功能性价值、情感性价值、社会性价值	李建州，范秀成
	功能性价值、情境性价值、情感性价值、认知性价值	张凤超，尤树洋

资料来源：根据文献整理。

3. 体验价值因果关系研究

进入体验经济时代，学术界对消费体验的关注度越来越高，关于体验价值因果关系的研究越来越多。比如，Bradley 和 Sparks（2011）提出了消费者体验价值变化的前因与后果模型，指出消费者、产品、消费经历和知识经验是影响体验价值变化的主要因素，而体验价值的变化会影响消费者的满意度和重购意愿。体验价值的因果关系研究梳理如表 2.8 所示。

表 2.8 体验价值的前因后果关系研究梳理

关系	变量	文献
前置变量	消费者、产品、消费经历、知识经验	Bradley，Sparks（2011）
	顾客动机、参与	张红星，赵金林（2017）；马鹏，张威（2017）；郭养红（2018）
	目的地形象	Song（2013）；那梦帆（2019）；
	满意度、行为	向坚持（2017）；李罕梁（2018）
	环境体验、服务体验、商品体验、价格体验	黄鹂等（2009）；崔海云，施建军（2013）；俞林（2014）；孙小丽（2018）
	产品固有属性、价格水平、投资回报、感知牺牲	黄鹏，刘艳（2015）；曾锵（2019）
	品牌危机	单从文，余明阳（2016）
后置变量	彩票博彩依赖	李凌，张瑞林，翁银（2019）
	满意度、忠诚度	Song（2013）
	真实性、满意度	Lee（2015）
	企业竞争优势	俞林，孙明贵（2014）
	企业绩效	崔海云，施建军（2013）
	游客满意、重游意向	李江敏（2011）；郭安禧（2018）；孟秋莉（2019）

资料来源：根据文献整理。

从现有文献看，体验价值的影响因素主要有顾客层面以及产品和服务层面。体验价值的作用结果主要体现在满意度、忠诚度、行为意向等几个方面，相关研究已充分验证了体验价值对积极结果的促进作用。近几年，体育领域对体验价值的研究逐渐增加。张红星和赵金林（2017）通过对珠三角旅游休闲、体育活动的体验价值和重游意愿之间的相关性分析，证实了旅游意愿受体验价值、旅游参与动机两大因素影响的观点。施家瑜（2021）研究了消费者需求倾向对大众健身消费行为的作用机制，证实健身消费行为中体验价值、主体幸福感具有多重中介效应。全息智能健身在产品及服务层面独具特点，如全息智能健身产品、高科技健身环境、便捷周到的服务等，会推动健身者形成体验价值，并在一定程度上影响客户行为。

4. 体验价值研究评述

通过上述文献回顾发现，体验价值是学者们关注的热点问题，其研究内容逐渐涵盖质量、功能、价格、情感、认知等各方面的体验感受。目前，关于体验价值的维度，无论是从划分方法上还是维度构建上，都还没有达成共识。关于体验价值的评价，还要继续发展成熟的量表。从不同的研究结果来看，体验价值会以不同的方式影响相关变量，学术界也加大了各维度体验价值给相关变量产生的影响的研究力度。结合相关理论成果，大部分学者对体验价值、满意度等方面的研究从基础理论研究逐步应用到各个领域和行业的研究，研究方向以传统商业模式为主，如旅游业、酒店业、餐饮业等。在移动互联网领域的研究主要是对电子商务平台的相关论述，目前的研究极少涉及体育领域，全息智能健身的相关研究更是少见。随着健身房追求科技化、智能化，健身者在健身过程中会产生体验感，伴随着健身者体验感的不断升级，会在不同程度上影响消费行为意向，进而对相关体育产品和体育服务产生价值判断。将三者之间的作用关系进行科学探究并有效运用到全息智能健身的运营中，对于提升全息智能健身消费者的消费意愿，促使用户做出推荐和购买行为都是有益的。

2.2　理论基础

2.2.1　SOR 理论

1. SOR 模型的提出

行为主义心理学创始人约翰・沃森在其著作《一个行为主义者眼中的心理学》中，最先提到“S-R”理论。该理论指出，人的行为包括一种刺激与一种反应，如图 2.2 所示。

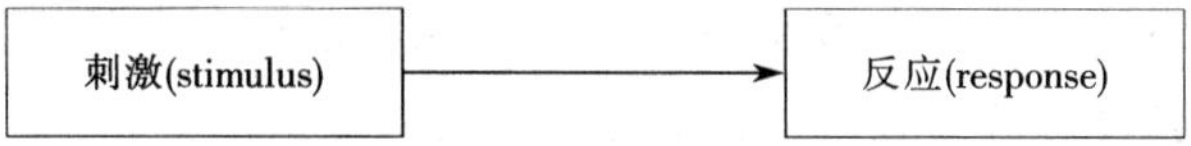

图 2.2 刺激-反应（S-R）模型

资料来源：Watson J B. An attempted formulation of the scope of behavior psychology. Psychological Review，1917，24（5）：329-352.

近几年，研究者发现，人的行为在刺激和反应之间还需要一个复杂的过程，即机体通过个体神经系统对刺激进行加工和处理后才有动作反应的输出。在此基础上，Mehrabian 和 Russell（1974）基于 Smurr 模型研究相关机体因素，提出 SOR 模型，见图 2.3。

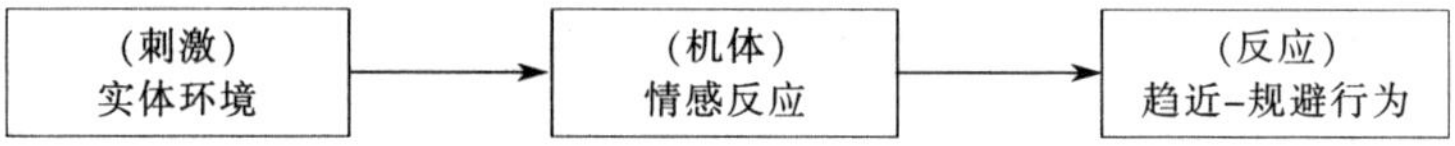

图 2.3 Mehrabian 和 Russell（1974）的 SOR 模型

SOR 模型是针对消费者的心理和行为与外在环境的关系进行研究的，Donovan 和 Rossiter（1982）最先将其应用在购物场景中。其中：刺激（S）是商店环境，消费者身体（O）代表愉悦和唤醒，消费者反应（R）是行为的接近或远离。Bitner（1992）基于 SOR 理论，经过深入研究分析之后，提出新的理论模型框架，即“实体环境-消费者行为关系”，指出认知（如信念、分类）、情感（如情绪、态度）和生理（如舒适、疼痛）等方面的改变都属于顾客对现实环境的感知，消费者趋近行为和趋远行为都会在一定程度上受到影响。该理论揭示了消费者内在心理因素对消费行为的作用机理，如图 2.4 所示。

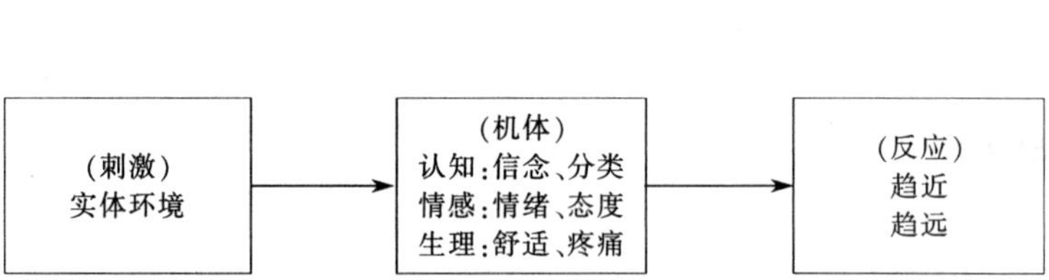

图 2.4 实体环境-消费者行为关系的理论模型

SOR 理论模型表明，评估人体刺激-反应的过程不是机械的，听觉、视觉等感官因素会对个人的认识和情感产生作用，从而对个人的行为产生影响。

刺激作为一种外部因素，激发一个人的认识或潜意识，并把它变成行为。此模型的可靠性较高，环境心理学家常以此研究消费者的最终购买行为，并广泛运用到线上、线下平台零售环境中。从学术界关于消费者行为、消费者情绪关系的研究结果来看，中间阶段的个体心理活动变化在很多情况下受到情绪或情感因素的作用，而对个体消费过程中心理活动的测量主要依靠心理学量表进行（Vieira，2012）。另外，在 SOR 模型框架下，学术界对消费行为进行研究时，大多围绕消费意愿展开。关于外部因素对个人消费行为影响的相关研究，大多是从消费意愿的角度来探讨外部刺激是如何对个人的行为产生作用的（Keller，2010；Schmitt et al.，2013；Pantano et al.，2014）。

2. SOR 模型的应用

依据 SOR 模型，传统购物环境与消费者行为之间的关系研究取得了很大的进展（Donovan，1982；Bitner，1992）。近几年，网络购物环境和用户的购买行为成为一个新的研究领域。Eroglu（2001）实证分析了网络购物环境对顾客购物决定的作用，结果表明，消费者的内在机体状态受网上购物环境的影响，导致消费者的购买决策也存在差异。韩鑫（2014）对在线商店的高任务和低任务相关环境与消费者购买决策的关系进行研究，认为消费者机体内在状态（情绪和认知）在商店环境与消费者购买决策中存在中介作用。随后，Eroglu（2003）以 SOR 模型为基础，分析了网络购物虚拟环境和消费者所处现实环境的共同刺激，对消费者内在机体状态及行为的影响。

3. SOR 模型与本研究的适切性

以往研究大多集中于实体和线上购物环境因素对消费者的影响，目前，健身环境中的刺激因素与消费者健身消费意向的相关研究并不多见，本研究拟探索全息智能健身与健身者消费意愿之间的影响机理和作用效果。消费者沉浸体验与体验价值是体验经济时代企业获得竞争优势的重要因素，同时也是消费者在身体和心理上的消费体验，将逐渐形成消费者行为意图的内在动机。本研究将从沉浸体验、体验价值的视角解释全息智能健身与健身者消费意愿之间的关联机制，有助于理解健身者在进行消费决定时的心理状态，对健身者消费路径的识别也有一定的启发。行为心理学家约翰·沃森（John B. Watson）提出，人的消费行为是受到刺激引起的。后来，Kotler（2006）依据“刺激-反应”原理，将消费者的购买行为看作“刺激-机体-反应”模式。在本研究中，输入因素指全息智能健身特征刺激（S），消费者黑箱指消费者的沉浸体验和体验价值（O），输出因素指消费者意愿（R）。具体过程如下：健身者在消费、健身体验时，通过全息智能技术赋能的健身设备以及环境提供的视觉、听觉、触觉等全面体验服务而获得身心体验，全息智能健身服务、过程、效果等方面的沉浸式体验会进一步对全息智能健身产生体验价值，健身者的消费意愿会因此受到影响，如图 2.5 所示。

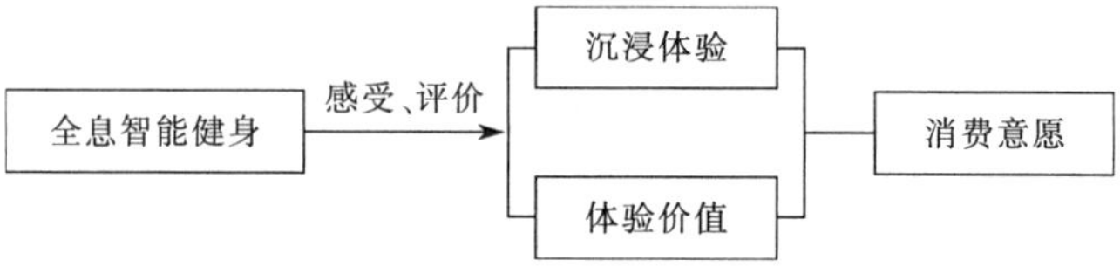

图 2.5　全息智能健身模式

从上述研究不难发现，SOR 模式作为分析用户行为的理论，其应用较为成熟。对用户的刺激既有内部刺激，也有外部刺激，刺激对用户的影响包括物理层面、认知层面、情感层面等，最终用户的反应为亲近或规避。

2.2.2　沉浸理论

沉浸理论由美国心理学家 Csikszentmihalyi 在 1975 年首次提出，该理论解释了人们在某些活动中投入且过滤掉不相关的知觉，忘记时间的存在，从而达到沉浸的状态（Csikszentmihalyi，1990）。沉浸体验是沉浸理论最核心的概念，沉浸体验经常能给个体带来更多的积极情绪，从而促进个体产生再次体验这样的情绪和重复该活动的欲望。沉浸体验（flow experience）经常被运用于消费者行为研究、心理学、人机交互与信息系统、教育管理等领域（Li et al.，2015）。李爱梅等（2015）验证了沉浸体验对积极情绪的影响。魏守波和程岩（2010）应用沉浸理论研究虚拟氛围对在线消费者冲动购买意向的影响。洪红和徐迪（2015）基于沉浸体验探索了移动社交应用的持续使用意愿的影响因素。在营销领域，“flow experience”被翻译成“心流体验”。陈洁等（2009）基于心流体验研究了在线消费者购买行为的影响因素。李慢等（2014）研究了网络服务场景对在线体验行为意向的作用。在旅游研究领域，“flow”则被译成“畅爽”，并认为“畅爽”是人们在休闲或工作时产生的一种最佳体验（Geoffrey，2000）。谢彦君（2005）认为，在旅游中“具有适当的挑战性而能让一个人深深沉浸其中，以至于忘记了时间的流逝，意识不到自己的存在”的状态可以用“畅爽”来形容。厉新建（2008）认为，Csikszentmihalyi 的“畅爽”理论是体验研究的重要理论。吴茂英等（2014）在梳理积极心理学及其在旅游研究中的应用时，也将“flow”翻译成“畅爽”。张野（2013）在中国文化语境下考察休闲的概念时，也认为“休闲、动态休闲、旅行、旅游、游戏、竞技的交叉部分为畅爽体验”。本研究的研究对象是全息智能健身者，以全息智能健身特征为背景，采用了“沉浸”的翻译。

2.2.3　认知评价理论

认知评价理论是德西和莱恩在 1975 年提出的，又称自我决定理论，是关于外在感知因素如何对内在动机产生影响的理论。认知评价理论提出“内在激励”的概念，其中，认知评价是关键因素。个体具有发展能力和自我决定的需要，当外部因素条件得到满足时，会促进个体自主知觉和发展能力增强，进而激发内在动机；反之，若外部因素条件没有得到满足，自我发展能力没有提高，内在动机也不会被激发。也就是说，人对客观事件、事物的心理评价是支持行为或控制行为的关键，如果过分强调外在诱因，就会造成内在诱因的萎缩。认知评价理论现已广泛应用于解释和验证外部动机和内部动机在不同情境下对行为的影响机制。基于认知评价理论，笔者认为，体验价值包括对客观条件的评价和主观感受的评价，分别对应体现为外在价值和内在价值。体验价值在全息智能健身特征对消费意愿的影响过程中，是否也存在认知评价理论所提出的外在价值会激发内在价值？内在价值对行为结果的影响是否更为关键？本研究将认知评价理论作为探讨体验价值维度间关系的另一依据，在全息智能健身特征、体验价值、消费意愿的结构方程模型中，尝试提出体验价值内部的层次作用关系并进行验证。

2.3　理论模型与研究假设

通过文献回顾发现，关于用户体验与消费意愿的关系以及其中的影响机制，目前相关研究尚未被学界认可，全息智能健身特征是否适用也尚未得到验证。全息智能健身给健身者带来的不同于传统健身的体验是什么？这种与传统健身不同的、新奇的体验与健身者消费意愿的关系如何？健身者消费意愿与全息智能健身沉浸体验和体验价值之间的影响是如何发生的？这就需要分析健身者在全息智能健身环境下的真实体验测评信息。本研究提出 9 个主要假设和 26 个分假设。

2.3.1　理论模型

1. 理论模型图

将假设整理到图中，形成本研究的理论模型图，如图 2.6 所示。

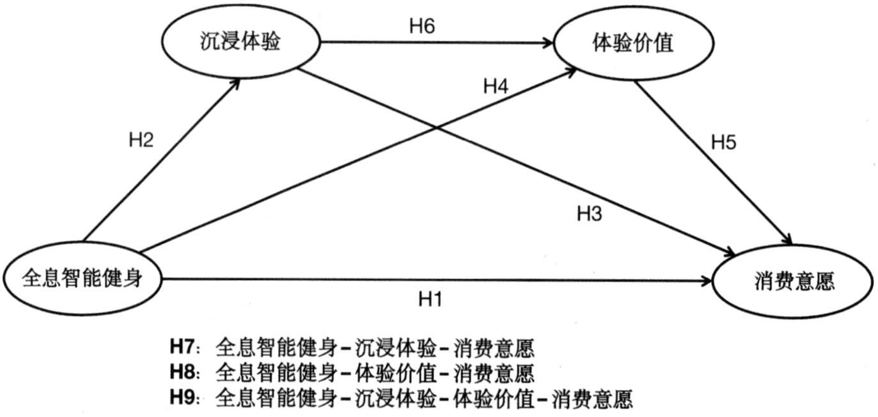

图 2.6　理论模型图

2. 模型阐释

随着健身行业的不断发展，全息智能健身逐渐成为健身者的健身方式之一。从发展现状来看，学术界对全息智能健身行为相关的研究仍处于初级阶段，很少有学者关注消费体验，尤其是全息智能健身消费体验与消费意愿关系的研究尚属空白。诸多因素会影响到健身者的消费意愿，所处健身情境不同，相关影响因素也会不同。学者们对健身者消费行为的研究已经取得了丰硕的成果。本研究从健身者体验的视角提出全息智能健身者消费意愿的动因，可以补充健身者消费行为方面的研究空白。

根据 SOR 理论，本研究认为全息智能健身者的消费意愿取决于全息智能健身特征，故将全息智能健身特征作为影响健身者消费意愿的前因变量，同时，全息智能健身特征会让健身者进入沉浸体验，感受体验价值，继而决定健身者的消费意愿。根据 SOR 模型，个体受到外界的刺激及产生的情绪反应会对个体的行为产生影响。对于全息智能健身者而言，全息智能健身的沉浸性、智能性、互动性、娱乐性等特征就是刺激，而影响健身者的情绪反应就是沉浸体验和体验价值。在全息智能健身过程中，健身者首先会接受大量的全息智能特征刺激，通过影响健身者的情绪反应，进而激发健身者的消费意愿，最终形成再次购买行为。

首先，本研究确定前因变量为全息智能健身特征。基于 SOR 理论，重点对全息智能健身者进行研究，以全息智能健身特征为切入点，认为全息智能健身特征是影响健身者消费意愿的关键因素，提出以全息智能健身特征为前因变量的健身者消费意愿的影响机制模型，探索全息智能健身对健身者消费意愿的影响机理。

其次，本研究选择全息智能健身者消费意愿作为结果变量。消费意愿比消费行为操作更容易且更具实践意义（陈雪钧，2015），对再购买行为可以进行精准预测。社会学和心理学认为，行为意图是决定行为的最主要原因（Mobley，1978）。Fishbein 和 Ajzen（1975）则认为，行为意图是对随后行为的一种预示，在预测再购买意愿时，可以通过观察预测客户的再购买行为。用户的实际再购买行为测量较为困难，且难以有效预测。研究消费意愿对提高健身者的复购率更具实践意义。一方面，消费意愿能够更准确地反映用户对企业的心理认同，如用户的购买受价格、企业的促销、社会规范、网络口碑等外部因素影响，如果根据用户的再购买行为衡量企业的再购买率，则会掩盖很多实际影响因素。另一方面，用户再购买意愿是用户的购买倾向而实际尚未发生的购买行为，是用户再购买行为前的最后一个阶段。消费者在态度上对某品牌表现出忠诚，可能引发再购买行为，但并不表示一定会发生。这是因为虽然有了态度上的再购买意向，受经济条件或其他客观条件限制，可能并没有产生实际再购买行为（高媛 等，2011）。企业除了要提高用户的体验，还要采取针对性的措施和策略，以保证用户最后的购买行为。因此，本研究采用再购买意愿作为再购买行为的替代变量来研究全息智能健身者的消费意愿。

最后，本研究选择体验价值、沉浸体验作为中间变量。认知心理研究发现，人的行为在刺激和反应之间还需要一个复杂的过程，也就是说，人的行为是机体通过个体神经系统对刺激进行加工和处理后才有动作反应的输出。心理学家托尔曼提出了介于刺激和反应之间的内部心理过程，即中介变量的概念。托尔曼给出的观点是：中介变量很难直接观察，但是对行为有重要影响。研究表明，虚拟现实技术可以为用户提供生理层面的沉浸感与心理层面的临场感（Guttentag，2010）。顾客的享受感在虚拟体验中会起重要的作用，它会在极大程度上影响顾客对未来实际消费的意愿（Wang et al.，2018）。体验对高技术健身用户的行为意向有显著正影响（淮冠齐，2022）。研究认为，全息智能健身是高端投影科技和智能科技打造的健身方式，能够给顾客提供身体上的沉浸感和心理上临场感，让体验者产生美好的感觉，技术程度越高，人们感知到的外在环境的刺激越强，其感知就越接近现实体验，用户体验和行为意向可能会因此受到影响。因此，沉浸体验和体验价值是影响全息智能健身者消费行为的重要因素。把沉浸体验和体验价值引入全息智能健身消费意愿的影响因素，将形成一个完整的影响机制模型。

2.3.2 研究假设

1. 健身者消费意愿受全息智能健身特征影响

SOR 模型关于商业环境对消费者行为的影响具有很高的解释力（Mehrabian et al.，1974）。依据 SOR 模型，环境刺激影响消费者的内在状态，进而最终影响消费者的总体行为反应（储海丽，2016）。Fiore 和 Kim（2007）在研究中提出了一个针对线下实体店的“刺激-有机体-反应”整合模型。在这个整合模型中，环境刺激包括周围环境、设计因素及社交因素。Donovan 和 Rossiterde（1982）研究证实，商品的形状、排列方式、环境等因素都会影响消费者的感受，从而触发他们的购买欲。之后，Bitner（1992）对消费者的消费行为和消费心理进行了较为详细的阐述。他认为，外在刺激会引发消费者的认知、情绪和生理上的反作用，消费者的实际行为会受到一定程度的影响。当前，与消费者行为相关的文献多基于 SOR 模型，主要从消费意向的视角探讨外在刺激对个人行为的作用（Keller，2010；Schmitt et al.，2013；Pantano et al.，2014）。Hsu 和 Tsou（2011）采用 SOR 模型，用情绪量表对受试者的情绪状况进行了测试，并将其作为中介变量，发现网站质量能带来个体积极情感的反馈，随着消费意愿的不断增强，会引导消费者进行二次购买。Lee（2011）利用问卷，以产品属性为外部刺激，从效价和唤醒度等方面考察了消费者对高技术产品的购买意愿，结果显示，愉悦的情绪状态直接影响了受访者的接近-回避行为，但是情绪唤醒度是以情感效价的方式间接地作用于顾客的消费意向。Wang 等（2013）、Pantano 和 Viassone（2015）则从零售商整合多渠道的角度，探讨了多元整合战略对顾客购物意向的影响。问卷结果显示，受访者对多渠道整合策略表现出更为积极的情绪反应，并且更愿意购买采用多渠道整合策略的零售商的商品。艾黎（2017）以 SOR 模型为基础，对网络购物环境中的促销和推荐行为进行了研究。结果发现，对于客户购买意向，促销、推荐所带来的效果是不同的。促销会让消费者情绪中的唤醒因素对消费者的购买意向起到一定的作用，进而促使冲动购物。在推荐的情况下，顾客会变得更理智，在购物的时候会更多地关注自己的体验，愉悦的购物环境可以提高顾客的购买欲望。赖胜强（2010）以口碑传播作为外部刺激，从微观层面和宏观层面较为详细地研究了消费者购买行为受口碑效应的相关影响。

近年来，有关人工智能对零售业和消费者产生作用的研究显示，利用新技术对零售业进行赋能，可以减少经营费用、改善服务品质、创造多元化的服务环境，能够明显地改善消费者的体验。智能性是集感觉、记忆、思维、行为和语言于一体的综合性能力，具有多用途性和高性能的特征。全息智能健身的智能性是指在人工智能（AI）技术的加持下，用户在健身过程中通过AI运动打分、AI互动游戏，体验前沿科技。智能沉浸式的运动场景，给健身者带来良好的锻炼体验，让运动更有乐趣，更有效果。在健身的过程中，健身者可以借助特殊设备与虚拟物体进行交互式操作，获得在真实情境下才能获得的体验，而这种体验就形成了后续消费决策的动机。徐艳琴（2016）认为，以交互、娱乐性、创造价值、融合传播为核心的场景营销，利用人工智能技术建立智能服务场景，其本质是为了提升用户体验，实现市场与需求的无缝对接。智能设备出现之前，人们将互动定义为两个及两个以上的人通过交互作用发生的行为和反应。随着互联网技术水平越来越高，人工智能发展速度不断加快，互动被赋予了新的内涵。Steuer将互动看成在以计算机为媒介的环境下，人们对该场景做出的即时参与，将互动划分为人机、社会和信息等三个角度的互动。人机互动指的是使用者在计算机终端及其功能区的操作过程中对计算机的反应速度的感知；社会互动也称人际互动，是指使用者之间以及使用者与在线供应商之间的互动；信息互动指互动时信息的沟通。活跃的互动性是虚拟社群成功的关键因素，互动性能够帮助社群成员提高类似的认知，提高共享社群品牌的吸引力，消费者的消费行为受到互动效果的影响。

在健身行业，任冬阁（2021）以SOR理论为基础，分析了运动健身App的用户体验、品牌认同感和持续使用意愿三个因素的影响，验证了用户体验五个维度对用户持续使用意愿的影响作用。王文韬等（2020）研究了智能健康手环用户不持续使用行为的影响因素，证实了智能健康手环用户不持续使用行为主要受到平台弹性、环境刺激、认知结构和情感焦点的影响。

全息智能健身通过LED显示屏打造各种各样题材的健身场景，充满活力的运动节拍，充满冲击力的视觉效果，健身者运动不受场景限制，将健身体验推上新高度。全息智能健身具有全息技术与智能设备打造的健身的独特特征。SOR 理论中提到，个人情绪会受环境刺激因素的影响，从而影响个人的行为，而这种情感表现，又影响着人的行为意愿。从本研究对全息智能健身特征的分析可知，健身者在体验全息智能健身的过程中，其沉浸性、互动性、智能性、娱乐性等特征都会让健身者在心理感受上发生与传统健身不一样的变化，从而产生购买动机，进而在购买动机的驱动下作出购买决策。这个过程与 SOR 模型的理论相一致。想要提高健身者的消费意愿，可以提高健身者健身的美好体验，创造体验价值，以激发健身者的消费意愿。本研究提出假设：

H1：全息智能健身特征正向影响消费意愿。

H1a：全息智能健身的沉浸性正向影响消费意愿。

H1b：全息智能健身的互动性正向影响消费意愿。

H1c：全息智能健身的智能性正向影响消费意愿。

H1d：全息智能健身的娱乐性正向影响消费意愿。

2. 全息智能健身特征对健身者沉浸体验的影响

SOR 模型指出，环境中的刺激因素对消费者行为的影响是通过消费者的体验发挥作用的（Zhang，2014；Animesh，2011）。现有文献显示，有关环境影响发挥作用的机制，研究大体分为两个角度。第一个角度，来源于环境刺激的认知反应，如有用性感知（Parbotee et al.，2009）。第二个角度，来源于环境刺激的情感反应，如愉悦性感知（Flohand et al.，2013）。根据 Gao 和 Bai（2014）的研究，认知和情感是两大研究切入点。因此，本研究的切入点也要考虑两个方面的因素：沉浸体验和体验价值。在以计算机为媒介的环境中，成员之间的互动能够产生一种沉浸感（Teng et al.，2012；Mollen et al.，2010；田晓旭，2023），且包含沉浸体验。

研究表明，在运动过程中，沉浸体验是指运动者感知愉悦时，能使运动者的注意力更集中，从而减少对环境的感知，接着会有一种时间扭曲感，实现最佳体验效果。知行融合是沉浸体验产生的具体表现。翁银和李玲（2020）以条件或原因为正面情绪、目标定向、技能高超，行动或互动策略为自我强化、自我肯定、过程控制，结果为知行合一、享受刺激、无惧失败，认为滑雪者具备高超的滑雪技能时，更易有效控制滑雪的技术动作，能有效控制和掌握身体平衡，在保持无惧失败的心理状态下获得良好的体验。Neil Carr（2002）对青少年休闲活动的调查结果表明，相对于日常休闲活动，沉浸体验在度假休闲活动中的效果更加突出，幸福感更为强烈。Pomfret（2002）对山地探险游客沉浸体验的产生条件和因素进行了研究，如潜在的控制感、及时反馈等。Woran 和 Arnberger（2006）发现在徒步旅行过程中，旅游者的专业化水平和自然环境恢复感知均是游客产生沉浸体验的积极因素。

智能化的设备与虚拟的健身场景下，健身者很快就会沉浸其中。张杨昊等（2018）发现，具有真实感的 VR 健身车能够增强体验者的沉浸感、交互感和想象感，能够让体验者拥有清晰的目标、良好的控制感。Poesch（2013）研究发现，将虚拟现实中的空间声与场景相结合，可以明显地提高使用者的存在感，使活动与意识融为一体。Henrix（1996）研究证实，在导航的任务情境下，通过语音提示获得即时的反馈，能够提高参与者虚拟现实的存在感。Deligiannidis 和 Jcob（2006）实验证明，在虚拟滑板车前端放置风扇以模拟风的改变，可以帮助体验者改善体验。全息智能健身是依托全息投影技术与人工智能健身设备实现的一种新型健身方式，利用 AI 视觉识别技术、大数据分析技术、全息大屏技术，结合健身运动项目，为健身者进行健身指导。在这种高科技智能健身环境刺激下，健身者会获得完全沉浸在环境中的沉浸感，有着明确的目标，信息反馈也非常快，能够真正做到知行合一。下面是具体的研究假设：

H2：全息智能健身特征正向影响沉浸体验。

H2a：全息智能健身特征正向影响清晰的目标。

H2b：全息智能健身特征正向影响即时的反馈。

H2c：全息智能健身特征正向影响挑战与技术平衡。

H2d：全息智能健身特征正向影响活动和意识融为一体。

H2e：全息智能健身特征正向影响潜在的控制感。

3. 全息智能健身沉浸体验对消费意愿的影响

在体验经济时代，企业要想获得竞争优势，必须创造沉浸体验，沉浸体验同时也是消费者消费过程中在身体上和心理上的一个重要的消费体验，在这种体验中，个体会产生目标明确、及时反馈、技能与挑战平衡、知行合一、自我意识与时间感丧失等特征，这种体验将逐渐形成消费者行为意图的内在动机。许多研究表明，消费者身临其境的体验，将影响其购物倾向。Animesh 等（2011）通过沉浸体验、临场感和社会存在的中介作用，研究技术因素和空间因素对消费者购买倾向的影响。Gao 和 Bai（2014）研究了网络环境氛围因素通过沉浸体验的中介作用对消费者的购买倾向和满意度的影响。黄晓波（2021）研究发现，感知有用性、互动性、娱乐性和游戏设计因素通过沉浸体验的中介作用影响用户黏性。王安琪等（2020）研究发现，女装品牌卖场特性因素通过沉浸体验的中介作用影响消费者购物行为。本研究中，健身者通过全息智能技术赋能的健身设备以及环境提供的视觉、听觉、触觉等全面体验服务而产生身心体验，经历这一系列的心理反应，健身者会对全息智能健身产生一种外在的行为反应或内在的心理反应。这种内在的心理反应通常是个体的态度，而外在的行为反应通常是接近或者回避等行为（Eroglu，2003）。Xu 和 Lu（2001）发现，消费者的沉浸体验影响了他们的消费态度，紧接着，消费行为也会因此受到影响。本研究认为，在全息智能健身环境中，让健身者沉浸其中，而这种身临其境的美妙感觉更容易对消费者的消费意愿产生积极的影响。下面是本研究假设：

H3：全息智能健身沉浸体验正向影响消费意愿。

H3a：健身中清晰的目标正向影响消费意愿。

H3b：健身中即时的反馈正向影响消费意愿。

H3c：健身中挑战与技术平衡正向影响消费意愿。

H3d：健身中活动和意识融为一体正向影响消费意愿。

H3e：健身中潜在的控制感正向影响消费意愿。

4. 全息智能健身特征对健身者体验价值的影响

有关环境影响发挥作用的机制，研究大体分为两个角度。其中的第二个角度，来源于环境刺激的情感反应。Schmitt（1999）在《体验式营销》一书中提到了感官、情感、思考、行为和关联性策略经验五维度模型，并将其视为使用者对某些特定的刺激所做出的内部反应。Parbotee 等（2009）认为环境刺激的认知反应，如感知有用性是有关环境影响发挥作用机制的研究的重要视角，体验价值可以视为环境刺激的认知反应。Csikszentimihaly（1988）认为，用户体验价值是消费者在消费场景中受到外部消费环境的影响而产生的感受，这种感受不是一成不变的，是根据个人的不同和消费的情况而改变的。Holbrook（1996）认为，体验价值是一种偏好的经验，具有相对性、相互性的特点。文献显示，目前针对体验价值，主要有两种解释。第一种是企业创造体验价值论。该理论认为，体验价值等同于顾客体验价值，指顾客在企业为其提供的产品及服务等一系列活动中感受到的价值，包括感观、认知等，该价值来自顾客被动接受企业创造的消费体验，并因顾客主体不同而具有主观性和差异性（Holbrook，2006）。第二种是价值共创论。将体验价值看作一种客户价值，并具有价值共创特性。消费者往往会将自己的消费体验与他人共享，从而产生体验价值，而体验价值则是建立在与他人的良好互动与沟通中，包括功能体验、情感价值、社交体验、内容体验等在内的一系列体验价值（Tynan et al.，2009；卜庆娟，2016；李震，2019；陈静，2019）。研究发现，体验价值的前因变量主要有购物环境、服务质量、情感反应等。俞海滨（2005）指出，餐厅的主题概念、员工的态度、餐厅环境等是影响顾客体验价值主要因素。张文建和苏嘉杰（2006）认为，酒店的实物产品、服务过程、酒店形象、服务人员等都是体验价值的影响因素。谢彦君（2010）研究发现，游客体验是在旅游过程中游客所看到的景色、品尝的美食、买到的纪念品、与他人的交流等经历所带来的总体感受，研究认为，体验价值可以直接被游客之间的交流与互动所影响。可见，消费者主观感受直接影响到消费体验价值感知，在消费体验过程中，感官体验、环境感受、思考体验、情感价值等都可能成为影响消费体验价值感知的重要因素（赵海荣 等，2022）。对于全息智能健身来说，健身者的消费体验价值涉及健身房的整体环境氛围、全息智能健身的价格、健身活动的互动感受、从健身中收获的情感体验等一系列因素。研究认为，全息技术与智能技术打造的健身方式，能够让健身者感受到利益，健身者的消费意愿也就更强。下面是本研究所作假设：

H4：全息智能健身特征正向影响体验价值。

H4a：全息智能健身特征正向影响顾客投资报酬。

H4b：全息智能健身特征正向影响社会性价值。

H4c：全息智能健身特征正向影响功能性价值。

H4d：全息智能健身特征正向影响享乐性价值。

5. 全息智能健身体验价值对消费意愿的影响

相关研究证实，体验价值和行为意向呈正相关关系。Monroe（1999）指出，顾客在进行产品选择时，将利益和付出进行对比，如果感知利益相比付出更大，则会产生正向感知价值，随着感知价值的提高，产品价格也就更具吸引力，消费者的购买意愿也就更强；反之则相反。Grisaffe 等（1998）认为，在正常情况下，顾客对价值的感知会直接影响消费行为意向，进而重复购买和推荐行为倾向都会一定程度上受到影响。顾客口碑也是感知价值的一个重要影响因素，口碑效应则通过再购买意愿产生间接性影响。Grewa Monroe和 Krishnan（1998）研究发现，在使用某一商品或服务后，消费者会产生一种感知价值，并对消费者购物意向产生直接影响。周格粉（2022）指出，消费者感知价值的最后评估结果是消费者的购买意向，而消费者感知到的不同产品的价值，会对消费者的选择产生影响。很多学者在各自的研究中证实了上述分析。Mathwick 等（2001）认为，顾客品牌偏好、重复购买意愿受体验价值的直接影响。李幼瑶（2007）研究发现，消费者投资报酬以及其他体验价值都会影响顾客的再次访问及推荐意向。宋明蕊（2018）研究显示，综艺节目的美感、消费者投资报酬、观众满意度对观众的参与有明显的影响。

在体育健身领域，Cronin 研究发现，相比于主观体验、满意度等变量，体验价值对体育行为的预测性更加稳定和科学。何晓雅（2021）通过对 Keep

软件用户体验、满意度和行为意图的分析，证实了用户价值体验可以给用户行为意愿带来正向影响。杨蒙蒙（2020）研究了大学生体育赛事志愿者的主观经验、体验价值与运动行为意向之间的关系，认为主观经验对运动行为意向产生影响的过程中，体验价值可以起到一定的中介作用。王岑岚（2020）研究证实，在付费音乐消费意愿的影响因素中，感知成本、感知有用性、感知易用性、主观态度对消费者的感知价值有影响。徐其涛（2022）研究了大学生消费行为的影响因素，认为有用性、易用性和娱乐性都会积极影响大学生的消费行为；消费者的消费行为会给感知风险造成一定的负面影响；消费意愿在各维度感知变量与消费行为之间起到一定的中介作用。由此推知，健身者对全息智能健身的体验价值可能对其健身消费意愿具有激发作用。因此，提出本研究假设：

H5：全息智能健身体验价值正向影响消费意愿。

H5a：健身中顾客投资报酬正向影响消费意愿。

H5b：健身中社会性价值正向影响消费意愿。

H5c：健身中功能性价值正向影响消费意愿。

H5d：健身中享乐性价值正向影响消费意愿。

6. 全息智能健身沉浸体验对体验价值的影响

研究认为，顾客价值来源于消费体验。Yuan 和 Wu（2018）通过对咖啡店顾客的数据进行实证分析，发现消费者的情感体验会对其情感价值产生正面的影响，而思维体验则会对功能价值和情感价值产生影响。Wu 和 Liang（2008）在研究中发现，顾客体验价值受互动、餐厅环境因素的影响，而且均为积极影响，消费者在经历过之后，不可避免地会得到相应的体验价值。李幼瑶（2006）通过对主题公园中的游客进行调查，发现主观体验对游客的体验价值有着显著的正向作用，但是影响的程度因人而异。郑锐洪（2020）认为，游客的体验价值需要建立在体验情景、游客互动等基础之上，这样才能形成可持续的吸引力。张灿（2020）在研究星巴克的消费体验中提出，感官体验和情景体验对经济性、情景性与功能性价值产生显著影响。综上，消费体验和体验价值两者呈正相关关系。

肖怀云（2018）主要研究体验价值的影响因素，研究认为，影响因素会借助顾客的消费体验对其体验价值产生间接影响。Wang 和 Lin（2010）研究了《痞子英雄》的收视体验、体验价值和满意度三者之间的关联，认为体验价值的正相关关系是非常明显的。王希颖（2014）分析了《爸爸去哪儿》真人秀节目的收视经验、体验价值和行为意图的关联性，发现体验价值受收视经验的影响更大。综上，体验价值是由消费者体验所衍生出来的，两者相互独立，联系紧密。

本研究中，健身者通过全息技术赋能的健身设备以及环境提供的视觉、听觉、触觉等全面体验服务而产生的身心体验以及健身者对全息健身服务的主观感受与评价即体验消费价值。经历一系列的心理反应，健身者会对全息智能健身采取一种外在的行为反应或内在的心理反应。内在的心理反应一般是个体的态度，而外在的行为反应通常是接近或者回避等行为（Eroglu，2003）。由此推知，全息智能健身会给人一种身临其境的感觉，正向影响消费者体验价值。因此，本研究提出假设：

H6：全息智能健身沉浸体验正向影响体验价值。

H6a：全息智能健身沉浸体验正向影响顾客投资报酬。

H6b：全息智能健身沉浸体验正向影响社会性价值。

H6c：全息智能健身沉浸体验正向影响功能性价值。

H6d：全息智能健身沉浸体验正向影响享乐性价值。

7. 沉浸体验和体验价值的链式中介效应

沉浸体验是个体在从事某项活动的过程中获得的一种“完全投入”和“忘我痴迷”的主观体验，个体身处沉浸体验中，能很轻松地获得在实际日常生活中很难感受到的满足感、愉悦感（Csikszentmihalyi，1975）。相关研究发现，虚拟现实技术可以为用户提供生理层面的沉浸感与心理层面的临场感（Gutierez et al.，2008）。同时，顾客的享受感会极大程度影响顾客对未来实际消费的意愿（Tussyadiah et al.，2018）。对于高技术健身用户，沉浸体验在行为意向方面所产生的是正向影响。全息智能健身是高端投影科技和智能科技打造的健身方式，能够给顾客提供身体上的沉浸感和心理上临场感，让体验者产生美好的感觉（Foulsham et al.，2011），用户体验和行为意向也会因此受到一定影响。在体验过程中，用户内心压力的缓解与释放会提升用户的主观幸福感和对目的地的积极印象，从而提升用户的未来消费意愿（Kim et al.，2019）。下面是本研究提出的假设：

H7：沉浸体验在全息智能健身对消费意愿的影响中具有中介作用。

外界消费环境给用户造成刺激之后所产生的感受除了沉浸体验之外还有体验价值，而且体验价值会根据个体、消费情境产生不同的变化。消费者行为意向在很大程度上会受到消费者体验价值感知的影响。学术界一致认为，体验价值给行为意向带来的是正向影响。基于以上分析，本研究认为，在全息技术与智能技术包裹的健身环境下，其沉浸性、智能性、互动性、娱乐性等特征，有可能让健身者在顾客投资报酬、社会性、功能性及享乐性等方面体验到价值，进而影响其消费行为。下面是本研究提出的假设：

H8：体验价值在全息智能健身对消费意愿的影响中具有中介作用。

根据以上假设，健身者的消费意愿会受到全息智能健身的影响，而且体验价值、沉浸体验两大变量都有一定的驱动力，可知沉浸体验和体验价值在全息智能健身对健身者消费意愿影响的过程中具有链式中介效应，而且在实际健身过程中会展现叠加深化效果，即全息智能健身影响健身者的沉浸体验，体验价值正向影响健身者的消费意愿。下面是本研究提出的假设：

H9：沉浸体验和体验价值在全息智能健身与健身者消费意愿之间存在链式中介作用。

8. 研究假设汇总

基于前期分析，本研究提出 9 个主要假设和 26 个分假设，表 2.9 所示为研究假设汇总。

表 2.9　研究假设汇总

主假设	分假设
H1：全息智能健身特征正向影响消费意愿	H1a：全息智能健身的沉浸性正向影响消费意愿 H1b：全息智能健身的互动性正向影响消费意愿 H1c：全息智能健身的智能性正向影响消费意愿 H1d：全息智能健身的娱乐性正向影响消费意愿
H2：全息智能健身特征正向影响沉浸体验	H2a：全息智能健身特征正向影响清晰的目标 H2b：全息智能健身特征正向影响即时的反馈 H2c：全息智能健身特征正向影响挑战与技术平衡 H2d：全息智能健身特征正向影响活动和意识融为一体 H2e：全息智能健身特征正向影响潜在的控制感
H3：全息智能健身沉浸体验正向影响消费意愿	H3a：健身中清晰的目标正向影响消费意愿 H3b：健身中即时的反馈正向影响消费意愿 H3c：健身中挑战与技术平衡正向影响消费意愿 H3d：健身中活动和意识融为一体正向影响消费意愿 H3e：健身中潜在的控制感正向影响消费意愿
H4：全息智能健身特征正向影响体验价值	H4a：全息智能健身特征正向影响顾客投资报酬 H4b：全息智能健身特征正向影响社会性价值 H4c：全息智能健身特征正向影响功能性价值 H4d：全息智能健身特征正向影响享乐性价值
H5：全息智能健身体验价值正向影响消费意愿	H5a：健身中顾客投资报酬正向影响消费意愿 H5b：健身中社会性价值正向影响消费意愿 H5c：健身中功能性价值正向影响消费意愿 H5d：健身中享乐性价值正向影响消费意愿
H6：全息智能健身沉浸体验正向影响体验价值	H6a：全息智能健身沉浸体验正向影响顾客投资报酬 H6b：全息智能健身沉浸体验正向影响社会性价值 H6c：全息智能健身沉浸体验正向影响功能性价值 H6d：全息智能健身沉浸体验正向影响享乐性价值
H7：沉浸体验在全息智能健身对消费意愿的影响中具有中介作用 H8：体验价值在全息智能健身对消费意愿的影响中具有中介作用 H9：沉浸体验和体验价值在全息智能健身与健身者消费意愿之间存在链式中介作用	

2.4 本章小结

本章主要围绕研究所涉及的四个变量，按照内涵、维度、实证研究、述评四个方面进行了文献梳理，了解相关变量研究的现状和研究缺口。对研究理论基础进行了分析，论证了理论与本研究的适切性。

第 3 章　研究方法与设计

本章进行调查问卷设计，包括调查问卷的构思和制作流程，根据调查结果设计出量表初稿。本章实证的所有过程均借助 SPSS26.0 与 AMOS23.0 软件完成。

3.1　问卷设计

3.1.1　问卷设计思路

本研究主要对全息智能健身特征的结构维度及其对健身消费意愿的影响进行研究，问卷中包括全息智能健身特征、沉浸体验、体验价值、消费意愿 4 个变量的测度题项。除全息智能健身特征采用自己开发的量表外，沉浸体验、体验价值、消费意愿均选用成熟的测验量表，人口统计学信息以健身者基本信息的方式呈现。问卷由两个部分组成，第一部分是问卷说明，第二部分是相关变量的测量和被调查对象的基本信息。问卷设计尽量做到了内容准确而简洁、语言通俗易懂、避免使用被试必须依记忆回答的问题。问卷长度适中，答案设计合理。本研究使用的是 Likert 5 级量表，将每一道测试题的认可程度分为 1～5 个级别，“1” 代表被试完全不认可该题项，“5” 代表被试对题项完全认可，数值越大，说明被试越倾向于该题项。被试基本信息中涉及年龄、性别、职业等。

3.1.2 问卷设计过程

随着研究越来越深入，现有的概念和量表已不能适应目前的研究需求，必须根据研究需要的变化对其进行不断的修改与调整。问卷设计也是一个反复修改、不断校对的过程。在这个过程中，根据问卷的设计原则，根据研究地域、研究对象、研究环境的需要，对问卷进行科学的删改与补充，以优化问卷的适用性。本研究根据问卷设计的原则，结合研究所需要的相关变量，进行问卷设计。

具体设计过程如下：

1. 设计变量的测度量表

基于研究的需要，通过文献调查与梳理，整理了与沉浸体验、体验价值、消费意愿相关的量表。

2. 确定变量的测度量表

进行研究时，主要采用现有成熟量表，紧密结合主题进行设计。针对国外有关的成熟量表，与原始英文量表进行比较，找出译文时的错误和偏离，修改题项，确定本研究变量的测度量表。然后，对量表的相关题项进行分类与整理。对于经过多个领域测试、具有较高可靠性和有效性的成熟量表，大部分题项都是可以参考的，但量表中的题项需要根据研究领域进行调整，如沉浸体验量表、体验价值量表和消费意愿量表。

3. 自主开发量表

对于尚未在研究中运用的变量，邀请组织行为领域的专家、研发领域的学者在题项的表达方面进行修改，自行开发，如全息智能健身特征量表。

4. 前测性访谈

本研究进行前测性访谈的主要人员包括经常进行全息智能健身的健身者、全息智能健身俱乐部经理、全息智能健身设施设计师、行业专家等，针对调查题项的设计是否科学合理、题项意义表达是否清楚、题项是否存在误导性、题项与中国目前全息智能健身的实际情况是否相符合、题项的排序是否合理等问题进行探讨，进一步修改和调整问卷。

5. 问卷试调查

通过深度访谈对测量量表进行初步修改后，为保证变量测量题项的准确、清晰，容易被受访者理解而不会产生歧义，需要具有全息智能健身体验的被试进行试调查。通过试调查，全息智能健身用户反馈了答题的感受、对问题的态度及问卷的填答情况。根据被试的意见，对问卷调查题项中的问题及时作出修改并不断完善，形成适合本研究的 4 个量表，即全息智能健身特征量表、沉浸体验量表、体验价值量表、消费意愿量表。

6. 前测预测

为了提高调查问卷的可信度，进行了前测预测。通过对问卷的效度和信度进行测试，优化了问卷。

7. 形成正式问卷

针对被试的反馈，再一次优化问卷，最后形成正式调查问卷。

3.1.3　确定测量量表

本研究采用的 4 个测量量表，除全息智能健身特征量表自行开发外，沉浸体验量表、体验价值量表和消费意愿量表是参考相关文献后，将相关文献中采用的量表进行修订和整理，设计出符合本研究的调查量表。使用了 Jackson 和 Marsh（1996）编制的沉浸体验量表，Schmitt（1999）、李建州和范秀成（2006）编制的体验价值量表，Boulding 等（1993）、董大海和金玉芳（2003）编制的消费意愿量表。

首先，根据全息智能健身的相关研究，按照规范的程序进行量表开发。然后，根据沉浸体验、体验价值、消费意愿的相关研究，与指导老师多次讨论量表的内容、题项的数量、量表的维度等，初步整理和修订了量表。最后，按照各变量的定义，参考组织行为学领域专家和相关学者的意见，对初始量表进行设计。在对 4 个研究变量进行测量时，用到 Likert 5 级量表。同时，将全息智能健身现状与特征有机结合，对量表进行开发。

1. 全息智能健身特征量表的开发

参考 Churchill（1979）提出的量表开发程序和 De Vellis 提出的量表编制指南，通过文献研究和深度访谈构建初始题项库，通过专家评价完成题项库的净化，经由预调研环节进一步净化题项。分析量表的信度和效度，最终开发出适合本研究的全息智能健身特征量表。

（1）基于深度访谈的测量要素收集

本研究的题项有两大来源：一是来源于全息技术和智能健身的文献，二是通过个人访谈来丰富题项。首先，研读近几年政府相关部门发布的关于大力发展智能健身的报告和文件以及有关人工智能健身的权威文献，捕捉智能健身的特征。同时，研读全息技术的相关文献，把握全息技术的特征。其次，通过深度访谈收集全息智能健身特征的原始资料。

表 3.1　智能健身、全息技术文献梳理汇总

作者	方法	调查对象	特征维度
黄睿豪	深度访谈、开放式问卷	智能健身俱乐部工作人员、健身人群	便捷性、趣味性、精准性
翁子旋	问卷调查	VR 健身人群	沉浸性与互动性、娱乐性与实用性、指导性与自主性
黄鹂，杨名	深度访谈	全息技术人员	沉浸性、真实性
刘霞，陈昌凤	扎根法	全息技术人员	沉浸性、互动性、智能性

资料来源：根据文献整理。

深度访谈是质的研究的一种数据搜集方法，通过理论抽样和目的抽样来选取受访者。理论抽样主要是依据发展的概念和理论有目的地选择样本。理论抽样和目的抽样必须选取能使研究问题获取最大信息量的样本。为了较为深入地探讨某一个研究问题，通常抽取的样本量较少，通过与受访者在自然情境下的互动获取原始资料（陈向明，2000）。抽取的样本必须能够反映某一类别现象的重要特征，而不是统计意义上所要求的代表性（王宁，2002）。考虑上述因素，为使量表更加贴近实际，本研究通过访谈搜集了有关全息智能健身的内容描述，运用自下而上的归纳法发展量表（周晔 等，2020）。自2019年10月至2020年9月，共有25名深度全息智能健身者接受了访谈。采用面对面访谈以及借助微信、QQ进行网络访谈两种方式。具体访谈内容参见附录。

① 选择访谈对象

本研究在对访谈对象进行选择时主要考虑以下三点：其一，经历过与研究问题有关的事件，善于表达自己，性格比较外向，具有一定的观察和反思能力，这样的受访者无疑是最合适的（陈向明，2000）。其二，对全息智能健身理念和实践均有清晰明确的态度，并且参与管理、销售、服务、健身等环节中。其三，目的抽样的受访者人数以达到理论饱和为准则，从经验来看，受访者人数最佳为20～30人。访谈样本描述性统计如表3.2所示。

表3.2 访谈样本描述性统计

内容	细分	频率	百分比
性别	女性	7人	28%
	男性	18人	72%
健身年限	1～2年	6人	24%
	3～4年	9人	36%
	5～6年	5人	20%
	7～8年	2人	8%
	9～10年	3人	12%
岗位	智能健身俱乐部经理	5人	20%
	智能健身俱乐部会员	16人	64%
	智能健身领域专家	2人	8%
	智能健身设备设计师	2人	8%

续表

内容	细分	频率	百分比
每月锻炼次数	偶尔	2 人	8%
	1～5 次	7 人	28%
	6～10 次	10 人	40%
	11～15 次	5 人	20%
	16～20 次	1 人	4%

本次深度访谈的全息智能健身用户符合前述理论采样的原则。

② 设计访谈提纲

围绕全息智能健身特征展开，在回顾全息技术、智能健身、全息智能健身的相关文献、案例材料、内涵界定和维度识别的基础上，提取文献信息，将整理得到的关于全息智能健身的特征内涵作为访谈文本概念结构化的辅助材料，编写了包含 12 个问题的半结构化访谈提纲初稿，着重了解全息智能健身的表现和具体类型等。随后，按照指定的半结构化访谈初稿提纲对 3 位指定的本领域的博士研究生进行开放式访谈，根据访谈情况对提纲中提出问题的语言表达和逻辑顺序进行了调整，保持访谈提纲所提出问题的清晰性和逻辑性。将修订后的提纲提交给 2 位智能健身和全息技术领域的专家进行讨论，主要关注提纲是否足够简明扼要、精准无误。随后，在 2 位专家的建议下反复修改，访谈提纲最终剩余 10 个问题，见附录。访谈不包含仅涉及人口统计信息的问题。

第一步，在半结构化访谈正式开始前，说明本次研究的目的、理论意义和实践意义，向被调研人员强调本研究的主题是全息智能健身。

第二步，获取半结构化访谈的受访者基本信息，用于对访谈资料进行人口信息的统计，方便后续资料的筛选和整理。受访者基本信息主要涉及姓氏、性别、所从事的工作及就职年限，在访谈的初始并不会对访谈对象的隐私内容进行过多追问，以免受访者产生戒备心理，削弱回答问题的真实性和客观性，从而影响后续访谈的进行。

第三步，提出关于全息智能健身特征结构的具体问题，如“某次让你印象深刻的全息智能健身给你带来的体验是什么？为什么？”“你认为全息智能健身吸引你的特征有哪些？为什么？”等。访谈旨在揭示全息智能健身特征的结构维度，会根据访谈的情况灵活安排提问顺序，并认真观察受访者的表情、语调和动作，以更全面、更详细地获取有价值的信息和资料。

（2）访谈资料分析

利用内容分析法处理所获得的深度访谈资料，通过语义分析技术把定性的访谈数据有序量化（梅胜军，2010）。为了尽量减少在语义内容分析过程中的主观性和倾向性，本研究邀请 1 位体育管理专业讲师和 2 位体育管理方向的博士生对访谈材料进行内容分析。

① 确定分析单元

在对访谈材料进行内容分析时，首先需要确定分析单元。分析单元指的是访谈资料中被实际纳入分析、计算的最小对象，是内容分析中最重要的元素。分析单元可以是访谈内容中特定的字、词、短语、句子或段落，一般而言，用特定的短语或字词作为分析单元比用句子或段落作为分析单元更为可信、有效（Saris-Gallhofer et al.，1978；梅胜军，2010）。本研究在整理访谈资料时，以相对独立的短语或句子作为最小的内容分析单元，最终抽取 29 个分析单元，最大限度地保留了所有可能有用的分析单元，尽量做到不浪费任何可能的编码来源。

② 内容编码

在确定最小分析单元后，需要对所有分析单元进行编码，这是把定性的访谈数据转化为定量数据的关键环节。内容编码的第一步是识别和确立编码类别。通常可采用演绎和归纳两种方法来构建编码类别（Mayring，2000）。演绎法以既有的研究理论为基础来构建编码类别，适用于有一定研究基础的编码归类。归纳法侧重通过逐步分析，发现文本内容间内在的逻辑规律，进而形成编码归类，适用于没有研究基础或研究基础较为薄弱时的编码归类。通过文献梳理可知，当前学界对全息智能健身特征已有或直接或间接的维度划分，为本研究提供了一定的参考。因此，本研究首先采用演绎法，根据前期对全息智能健身特征维度的初步划分，形成全息智能健身特征的编码类别。

共包含 5 个编码类别，分别是沉浸性、互动性、娱乐性、智能性，指导性。同时，为了发现和识别既有研究中尚未发现的维度，本研究鼓励编码人员对不能划分到现有编码归类中的分析单元，暂时提档，在最后阶段按照归纳的方法进行编码归类。根据既有文献对全息智能健身特征的归类要素（维度）对编码类别进行了界定，如表 3.3 所示。

表 3.3　编码类别及简要说明

编码类别	编码类别内涵的简要说明
沉浸性	全息技术为健身者提供沉浸式的锻炼环境，让健身者仿佛置身于真实的场景中，这种身临其境的体验让锻炼变得更加有趣和生动，能够激发健身者的运动热情
互动性	全息智能健身系统的社交功能，让健身者能在锻炼过程中与其他人和设备进行互动交流
智能性	全息智能健身系统能够根据健身者的身体状况和运动需求，提供智能化的训练计划和指导
娱乐性	全息智能健身系统通过各种场景、游戏等调动健身者的锻炼兴趣、释放健身者的身心压力
指导性	全息智能健身系统根据健身者的身体状况和运动能力水平，科学地对健身者进行指导
即时性	全息智能健身系统根据健身者在健身过程中的身体状态即时给出建议，帮助其进行调整、锻炼

资料来源：研究整理。

在确定编码归类内涵后，编码人员需要对每个编码归类中的分析单元进行线索提取，建立编码要素节点。在提取编码要素时，要注意提取出归属于同一编码类别中不同分析单元之间的“共性”线索，同时关注“共性”线索的指向性（张崇辉，2017）。例如，在访谈中，有的受访者表示在健身过程中倾向与健身设备进行交流互动，有的受访者表示更愿意与其他健身者进行交流互动，虽然共性线索都是“互动”，但两个分析单元中关于“互动”的指向性有所差异。本研究鼓励编码人员保留共性线索的这种差异性，将其作为独立的编码要素提取出来。在后续净化初始题项阶段，交由专家讨论后，确定最终的测量题项。

在明确编码归类内涵和编码要素提取规则后，对访谈的分析单元进行正式编码。本研究邀请了 1 位体育管理专业讲师和 2 位体育管理博士生作为编码人员，他们均有过内容分析的相关经验。在正式编码之前，向编码人员介绍了编码归类的基本内涵以及提取编码要素的基本原则，同时抽取 5 个分析单元进行编码预调研，以帮助编码人员在实践中掌握具体的编码规则。在编码预调研之后，3 名编码人员开始独立地对分析单元编码。在编码过程中，采用单重归类方法（Weber，1996），即把每个分析单元只归入一个编码类别。如果某个分析单元同时具有多个编码类别的属性，那么优先将其归入最适合的那个编码类别中；如果某个分析单元含义模糊，则暂时单独提出，后续考虑根据归纳法进行归类；如果依然无法归类，则放弃该分析单元（张崇辉，2017；姜丽媛，2019）。经过以上内容分析流程，本研究对深度访谈资料的最终编码结果如表 3.4 所示。

表 3.4　访谈资料的编码结果

变量	编码类别（维度）	编码要素
全息智能健身特征	沉浸性	1. 健身者在健身过程中有身临其境的感觉 2. 健身者在健身过程中能够融入场景和角色 3. 健身者在健身过程中能调动自己的情绪 4. 健身者在健身过程中感觉时间过得很快
	互动性	1. 健身者在健身过程中实现与智能设备的人机交互 2. 健身者在健身过程中可以与他人进行互动
	智能性	1. 全息智能健身设备体现出智能化 2. 全息智能健身设备能够记录健身数据 3. 全息智能健身设备能够分析健身效果
	娱乐性	1. 全息智能健身的过程比较有趣味 2. 健身者在健身过程中能感受到较大乐趣 3. 全息智能健身设备通过各种方式调动健身者兴趣
	指导性	1. 全息智能健身系统为健身者提供专业健身知识的指导 2. 全息智能健身系统为健身者进行提醒，保证其安全
	即时性	1. 全息智能健身系统能即时提供健身数据和训练表现 2. 全息智能健身系统能及时为健身者调整训练计划

资料来源：研究整理。

③ 编码信度检验

为了判断对访谈资料进行内容分析所得结果的质量，需要进行交互判别信度检验。交互判别信度衡量的是不同编码人员对同一分析单元编码结果的一致性程度。本研究采用 Holsti 检验法（张崇辉，2017），计算 3 名编码人员的交互判别信度，计算公式如下：

$$K_{iABC}=\frac{3M_{iABC}}{N_{iA}+N_{iB}+N_{iC}}$$

式中：A、B、C 指代的是 3 名编码人员；K_{iABC}代表 3 名编码人员在第 i 个编码类别中的编码一致性；M_{iABC}代表 3 名编码人员在第 i 个编码类别中归类相同的分析单元个数；N_{iA}代表编码人员 A 在第 i 个编码类别中纳入编码归类的所有分析单元个数；N_{iB}代表编码人员 B 在第 i 个编码类别中纳入编码归类的所有分析单元个数；N_{iC}代表编码人员 C 在第 i 个编码类别中纳入编码归类的所有分析单元个数。根据该公式，本研究计算了全息智能健身特征各维度上编码人员的交互判别信度，见表 3.5。当前学界对编码人员的交互判别信度指标尚未形成统一的标准，一般认为，编码人员的交互判别信度在 0.7 以上即可视为可靠（张崇辉，2017）。从表 3.5 中可知，全息智能健身特征各维度上编码人员的交互判别信度均在 0.7 以上，本次编码的交互判别信度较好。

表 3.5　访谈内容的交互判别信度检验

编码类别（维度）	K_{iABC}
沉浸性	1
互动性	0.85
智能性	0.88
娱乐性	0.90
指导性	0.75
即时性	0.80

通过深度访谈，前期在文献研究中获得的理论层面的维度划分得到了实证资料的支持。同时，在对深访材料进行内容分析所提取出的编码要素中，发现了一些维度测量表中尚未吸收的维度测量要素，比如新鲜感、挑战性等。

本研究依据这些编码要素构建测量题项，并将其纳入初始题项库中，从实证资料分析的角度弥补了理论研究的不足。

(3) 初始题项库的形成

De Vellis (1996) 建议，在编制量表之前，可以通过相关文献寻找可用的测量题项。通过文献搜寻，已积累了一些与全息智能健身特征直接或间接相关的测量题项，同时，通过深访获得了一些可能构成量表测量题项的编码要素。将二者结合之后，经语义转换，最终获得 30 个初始题项，其中，沉浸性、互动性、智能性、娱乐性、指导性、即时性每个维度 5 题。

(4) 初始题项的净化及修改

邀请 3 位体育学和管理学领域的专家，对初始题项库中的题项进行集中讨论，初步完成题项的筛选、净化。

对全息智能健身特征初始题项库的筛选和调整，遵循的原则和最终净化结果如下：首先甄别出内容重复的题项，仅保留表述最准确的题项。在此原则下，剔除了智能性题项 1 个，娱乐性题项 1 个，即时性题项 1 个。其次，判断题项与量表适用情境的相关性，剔除与本研究情境无关的题项。在此原则下，剔除了指导性题项 1 个。再次，根据题项内容删除不易理解或容易造成理解混淆的题项。在此原则下，剔除了互动性题项 1 个。最后，考察题项措辞，对语言尽量做到精细，避免出现歧义、多义的语句。按照此原则对所有题项进行了语句编写。

综上，共去掉了题项 5 个，最终保留 25 个题项。其中，沉浸性保留 5 个题项，互动性、智能性、娱乐性、指导性、即时性均保留 4 个题项，据此形成了全息智能健身特征量表初版。

(5) 预调研

前面主要是借助文献研究、深度访谈、专家经验等，形成并净化了全息智能健身特征的测量题项库。在本阶段，将广泛发放问卷，检验量表的信度和效度，同时进一步进行量表纯化，为后续验证变量间的关系提供可靠的测量工具。

① 预调研问卷

预调研问卷分三部分。第一部分是导语，简单介绍调研背景，邀请被试填写问卷。第二部分是全息智能健身特征量表，包括 25 个题项的 Likert 5 级量表。每个题项均为陈述性语句，要求被试按照自己在相应情境中的真实体验，对测量题项的同意程度评分，1～5 分别对应“很不认同”“比较不认同”“一般”“比较认同”“很认同”。第三部分是受访者的个人信息统计，包括性别、年龄、职业和受教育程度，共 4 个题项。

② 预调研问卷数据收集

预调研问卷数据收集采用了线上和线下并行的方式，主要选取长沙和深圳的全息智能健身房发放问卷。预调研共发放 150 份问卷，剔除回答不完整、回答时间过短、回答时间过长等问卷共 18 份，剩余有效问卷 132 份，问卷有效率达 88％。有效问卷的预调研样本特征如表 3.6 所示。

表 3.6　预调研样本特征

人口统计学变量	样本特征	频率	百分比
性别	男	81	61.4％
	女	51	38.6％
年龄	18～24 岁	40	30.3％
	25～34 岁	51	38.6％
	35～44 岁	20	15.2％
	45～54 岁	11	8.3％
	55 岁以上	10	7.6％
受教育程度	小学及以下	3	2.3％
	初中	18	13.6％
	高中及中专	41	31.1％
	本科及大专	60	45.5％
	硕士研究生及以上	10	7.5％
职业	学生	20	15.2％
	公务员或事业单位员工	25	18.9％
	公司员工	51	38.6％
	企业经营者	7	5.3％
	自由职业	15	11.4％
	其他	14	10.6％

③ 量表信度和效度分析

本阶段的主要任务是利用预调研收集的数据，检验全息智能健身特征的量表结构，进一步筛选净化测量题项，形成最终的全息智能健身特征测量量表。首先，通过探索性因子分析探索测量题项之间潜在的内在结构。然后，通过验证性因子分析，检验在探索性因子分析中得到的结构是否有效。两种方式相结合，能够衡量全息智能健身特征量表的稳定性和有效性。

第一，探索性因子分析。

运用 SPSS26.0 分析软件进行探索性因子分析。KMO 值和 Bartlett 球形度检验结果显示，数据的 KMO 值为 0.905，比 0.7 大，且 Bartlett 球形度检验显著。两个指标通过检验，表明数据可以做探索性因子分析，见表 3.7。

表 3.7　KMO 和 Bartlett 球形度检验

KMO 值	0.905	
Bartlett 球形度检验	近似卡方	1 352.385
	df	190
	p	0.000

采用主成分分析法与凯撒正态化最大方差法得到因子载荷矩阵。根据以下标准删减题项：因子载荷小于 0.50，共同度小于 0.30，因子所含条目数少于 3，同时在两个因子上载荷大于 0.40。最后，根据条目内容与所在维度定义的联系进行删减。经过多次探索性因子分析后，发现指导性和即时性不能成为独立维度，不符合六因素模型的构想，最终删除 5 个题项，保留 20 个题项，得到 4 个因子。

根据量表编制的构想与条目的含义，将 4 个因子命名为：沉浸性，包含 5 个条目；互动性，包含 5 个条目；智能性，包含 5 个条目；娱乐性，包含 5 个条目。所有项目的共同度为 0.549～0.723，4 个因子的累计方差解释率是 65.720%。各条目的因子载荷见表 3.8。

表 3.8　全息智能健身特征因子载荷

名称	因子载荷系数				共同度（公因子方差）
	因子 1	因子 2	因子 3	因子 4	
XA1				0.756	0.677
XA2				0.641	0.573
XA3				0.703	0.549
XA4				0.669	0.655
XA5				0.742	0.659
XB1	0.789				0.708
XB2	0.759				0.658
XB3	0.819				0.723
XB4	0.800				0.721
XB5	0.779				0.712
XC1			0.736		0.641
XC2			0.719		0.602
XC3			0.753		0.655
XC4			0.654		0.644
XC5			0.705		0.593
XD1		0.725			0.684
XD2		0.742			0.646
XD3		0.774			0.717
XD4		0.726			0.620
XD5		0.798			0.708
特征根值（旋转后）	3.567	3.398	3.208	2.971	—
方差解释率/%（旋转后）	17.837%	16.988%	16.042%	14.853%	—
累积方差解释率/%（旋转后）	17.837%	34.825%	50.867%	65.720%	—

信度结果显示，全息智能健身特征量表各因子的 Cronbach's α 系数均在 0.825～0.890 范围，量表整体的 Cronbach's α 系数达到 0.920，$p<0.01$，

表明量表的内部一致性较好。

第二，验证性因子分析。

对题项进行验证性因子分析，通过模型的拟合指数来判断该模型是否与观察数据拟合。结果显示，全息智能健身 4 维度结构模型的各项拟合指标良好。

表 3.9　全息智能健身特征量表整体模式配适参数

CMIN	DF	CMIN/DF	GFI	TLI	CFI	RMSEA	RMR
167.430	164	1.021	0.896	0.997	0.997	0.013	0.040

量表结构效度的测评包括收敛效度和区分效度评价。结果显示，各题项的因子载荷均大于 0.6，且达到了显著性水平，4 个因子的平均提取方差值（AVE）均大于 0.5，组合信度 CR 值均大于 0.8，表明量表具有较好的收敛效度，见表 3.10。

表 3.10　全息智能健身特征收敛效度检验

维度	题项	T	p	标准载荷系数	AVE	CR
沉浸性	XA1	—	—	0.758	0.517	0.830
	XA2	7.555	0.000	0.690		
	XA3	6.218	0.000	0.571		
	XA4	7.940	0.000	0.724		
	XA5	8.355	0.000	0.762		
互动性	XB1	—	—	0.792	0.623	0.892
	XB2	9.133	0.000	0.754		
	XB3	9.816	0.000	0.801		
	XB4	9.898	0.000	0.806		
	XB5	9.689	0.000	0.792		
智能性	XC1	—	—	0.729	0.522	0.845
	XC2	7.371	0.000	0.688		
	XC3	7.769	0.000	0.726		
	XC4	8.309	0.000	0.779		
	XC5	7.382	0.000	0.689		

续有

维度	题项	T	p	标准载荷系数	AVE	CR
娱乐性	XD1	—	—	0.799	0.585	0.876
	XD2	8.859	0.000	0.736		
	XD3	9.725	0.000	0.796		
	XD4	8.393	0.000	0.704		
	XD5	9.569	0.000	0.785		

注：*** $p<0.001$、** $p<0.01$、* $p<0.05$。

(6) 量表开发小结

遵循量表开发的基本程序，开发全息智能健身特征量表。通过文献研究和深度访谈，确认了全息智能健身特征的内涵和维度构成，形成初始题项库；经专家讨论和专家预审，净化了初始题项库，在理论上形成了全息智能健身特征的初始测量量表；通过预调研，共回收了132份有效问卷，通过对实证数据的探索性因子分析和验证性因子分析，检验了量表的信度和效度，从实证层面形成了全息智能健身特征量表的初版，见表3.11。

表3.11 全息智能健身特征量表

维度	题项
沉浸性	XA1 全息智能健身使我有身临其境的感觉
	XA2 在全息智能情境中训练时我常常沉浸其中
	XA3 在全息智能健身时，我完全融入场景中
	XA4 在全息智能健身时，我的情绪会随着情境而变化
	XA5 在全息智能健身时，我不知不觉就完成了训练任务
互动性	XB1 全息智能健身为我提供了互动交流的平台
	XB2 在全息智能健身时，可以进行人机互动
	XB3 在全息智能健身时，情境与现实可以互动
	XB4 在全息智能健身时，可以进行人际互动
	XB5 多人情境训练中人际互动频率增多

续表

维度	题项
智能性	XC1 全息智能健身智能化程度高
	XC2 在全息智能健身时，我可以随时接收到指导帮助
	XC3 在全息智能健身时，智能设备可以为我提供及时的指导
	XC4 在全息智能健身时，智能设备可以及时反馈我的身体状态
	XC5 全息智能健身设备可以记录、分析我的健身效果
娱乐性	XD1 全息智能健身能够极大程度地调动健身的趣味性和娱乐性
	XD2 全息智能健身所提供的幽默语言激励及背景音乐选择使运动有趣味性
	XD3 全息智能健身推出的专题活动增强了运动的趣味性
	XD4 全息智能健身所提供的虚拟场景增强了健身过程的趣味性
	XD5 在全息智能健身过程中我感受到较大的乐趣

资料来源：研究整理。

2. 沉浸体验量表

沉浸体验在本研究是中介变量。沉浸体验量表，最初是用来测试运动员在运动中的沉浸体验状态，后来在其他领域也经常使用。在进行本研究时，主要参照沉浸体验问卷，问卷维度有明确的目标、控制感、自我意识消失等九大部分。近些年，中国学者加大了对沉浸体验的研究，根据研究的实际需求，删减了部分沉浸体验维度。张明鑫（2021）研究沉浸体验对大学生阅读软件持续使用意愿的影响，从挑战与技巧的平衡和及时反馈两个维度进行研究。宋佳（2020）从聚焦任务、自觉体验、扭曲时间感三个维度，探索网络教学中师生互动对学生深度学习的作用。黄瑞（2018）从几个维度研究儿童教育软件的交互设计，包括明确的精准的反馈、技能与挑战的潜在的控制感。本研究综合考虑全息智能健身的沉浸性、智能性、互动性与娱乐性特征，从清晰的目标、即时的反馈、挑战与技术平衡、潜在的控制感、活动和意识融为一体 5 个维度，20 个题项来测量全息智能健身的沉浸体验，见表 3.12。

表 3.12 沉浸体验初始测量量表

维度	题项	来源
清晰的目标	M1A1 在全息智能健身时，我的健身目标很明确	Jackson，Marsh（1996）等
	M1A2 在全息智能健身时，我非常清楚自己想做什么	
	M1A3 在全息智能健身时，我清楚自己想做什么	
	M1A4 通过全息智能健身，我知道想要达到什么目标	
即时的反馈	M1B1 在全息智能健身时，我可以及时地了解自己的表现	
	M1B2 在全息智能健身时，我能及时了解到我的表现很好	
	M1B3 在全息智能健身时，我能从设备显示的数据知道我的训练表现	
	M1B4 在全息智能健身时，我可以获得自己健身进度的反馈	
挑战与技术平衡	M1C1 在全息智能健身时，所提供的技术与挑战我都可以适应	
	M1C2 在全息智能健身时，我的大脑能够快速思考与运作，并且会与行动相配合	
	M1C3 在全息智能健身时，我相信我的技能可以让我迎接挑战	
	M1C4 在全息智能健身时，每次挑战和我的技能水平一样高	
活动和意识融为一体	M1D1 在全息健智能身时，世界好像和我断了联系	
	M1D2 在全息智能健身时，我会大脑空白，除了我在注意的东西	
	M1D3 在全息智能健身时，感觉自己处于一个人的世界中，只与高度集中的对象相连	
	M1D4 当我在全息智能健身中参与各项健身活动时，我很投入，不喜欢被打扰	
潜在的控制感	M1E1 在全息智能健身时，感觉我可以控制自己在做什么	
	M1E2 在全息智能健身时，我觉得自己完全能控制自己的身体	
	M1E3 在全息智能健身时，我觉得自己完全能控制自己的行为	
	M1E4 在全息智能健身时，我感觉一切尽在掌控中	

资料来源：研究整理。

3. 体验价值量表

在本研究中，体验价值属于中介变量。Holbrook（1994）认为，顾客和消费情境之间的关联过程会产生顾客体验价值。积极主动者通常会获得主动和内在的价值；反之，外在和被动的价值是由于顾客被动地进行体验消费，属于被消费情境吸引的情形。通过对比顾客和消费情境之间关联的不同方式，Mathwick（2002）对认知过程进行分析，认为顾客的主动价值和被动价值受到顾客种类和特定消费场景的影响，因此将体验价值划分为投资报酬（经济实用价值、效率）、趣味性（逃避、享乐）等，这种划分强调顾客与消费环境的关联性，符合本研究的需要。Schmitt（1999）、李建州和范秀成（2006）等对体验价值的划分更强调顾客在消费过程中不同层次消费需求的满足，情感性价值、认知性价值等都包含在内。本研究要考虑全息智能健身环境对健身者体验的影响，同时还要考虑到健身过程中健身者不同层次消费需求得到满足的体验。基于此，本研究将两个量表综合考虑，共选定 4 个维度，20 个题项。具体内容见表 3.13。

表 3.13　体验价值初始测量量表

维度	题项	来源
顾客投资报酬价值	M2A1 全息智能健身对于提升健身效果有辅助作用	Schmitt（1999）；李建州，范秀成（2006）
	M2A2 全息智能健身有助于改善我的健康状况	
	M2A3 全息智能健身有助于我养成良好的运动习惯	
	M2A4 全息智能健身让我了解了更多运动常识和技术动作	
	M2A5 全息智能健身的训练课程及相应功能为我创造了良好的运动氛围	
社会价值	M2B1 全息智能健身可以扩展我的社交层	
	M2B2 全息智能健身中与他人互动沟通令我很受益	
	M2B3 参与全息智能健身可以融洽我和同行人的感情	
	M2B4 参与全息智能健身是我身份或个性的一种体现	
	M2B5 全息智能健身有助于我给别人留下好的印象	
功能价值	M2C1 在全息智能健身上的消费物有所值	
	M2C2 在全息智能健身中，各种健身项目安排合理、方便	
	M2C3 全息智能健身的互动功能，非常有吸引力，是我想要的	
	M2C4 全息智能健身的课程内容及相关资讯信息更新及时迅速	
	M2C5 全息智能健身提升了整体服务质量	

续表

维度	题项	来源
享乐价值	M2D1 全息智能健身让我感到非常愉快	Schmitt (1999)；李建州，范秀成 (2006)
	M2D2 参与全息智能健身可以让我得到体验多种新环境和角色的自我满足感	
	M2D3 全息智能健身能激发我愉快的情绪反应	
	M2D4 全息智能健身可以让我身心放松和愉悦，不会在意外界的干扰	
	M2D5 在全息智能健身中，我能忘记烦恼	

资料来源：研究整理。

4. 消费意愿量表

Fishbein 和 Ajzen（1975）从再次购买、口碑宣传、溢价购买三个方面对消费者的消费意愿进行衡量。Boulding 等（1993）提出，在对消费者的消费意愿进行测量时，可以将推荐意向、再购意向作为测量指标。Zeithaml 等（1996）将消费意愿划分为忠诚度、转换倾向、支付更多、内部反应、外部反应五个方面进行测量。董大海和金玉芳（2003）认为，通过对重购意向、口碑推荐、溢价购买三个方面的测量，能够反映消费者的消费意愿。其中，重购意向是指消费者二次购买相关商品和服务的倾向。口碑推荐是指消费者愿意向亲朋好友宣传某种商品或服务的可能性。溢价购买是指消费者愿意用更高的价格去购买某种商品或服务的可能性。本研究使用的是 Boulding 等（1993）开发的量表。基于前人的研究，结合全息智能健身情境下的消费特征与表现，本研究对健身者的消费意愿设计了 5 个题项，对其进行测量，具体内容见表 3.14。

表 3.14 消费意愿初始测量量表

维度	题项	来源
消费意愿	Y1 对全息智能健身，我很愿意下次再来	Boulding 等 (1993)；董大海，金玉芳 (2003)
	Y2 对全息智能健身，我很愿意推荐给亲属或朋友	
	Y3 对全息智能健身，我很愿意发表正面的评价	
	Y4 对全息智能健身，我对关联产品或服务消费的意愿很强	
	Y5 我愿意在全息智能健身房中健身	

资料来源：研究整理。

5. 基本资料统计量表

人口统计学特征是营销学中使用最为频繁的一种市场细分依据，年龄、性别等都有涵盖到。在现有文献中，年龄、收入、职业等在消费者个人特征中均有体现，属于人口统计学变量。人口统计学变量相较于消费者的心理特征和社会文化特征更容易衡量，能够帮助市场营销人员进行市场细分，确定目标市场。

表 3.15　基本资料统计初始测量量表

题项	来源
Q1：您的性别：（1）男；（2）女	根据《问卷设计手册》编写，郭强（2003）
Q2：您的文化程度：（1）小学及以下；（2）初中；（3）高中及中专；（4）本科及大专；（5）硕士研究生及以上	
Q3：您的职业：（1）学生；（2）公务员或事业单位员工；（3）公司员工；（4）企业经营者；（5）自由职业；（6）其他	
Q4：您的月收入：（1）1000 元以下；（2）1 001～3 000 元；（3）3 001～5 000 元；（4）5 001～8 000 元；（5）8 001～10 000 元；（6）10 000 元以上	

资料来源：研究整理。

3.1.4　量表确定前访谈

为了检测被试者对问卷理解的准确性，本研究通过前测性访谈进行问卷设计。通过前测性访谈发现问卷所存在的问题，对问题进行及时修正，以避免正式问卷发放与收集过程中出现大的问题，提高问卷设计的科学性。本研究在前测性访谈过程中，邀请了 2 名消费者行为学领域博士生导师、3 名工商管理学博士和 2 名全息智能健身从业人员，对问卷进行了广泛与深入的探讨。通过探讨，根据专家意见，将初始问卷进行了合理修正。修正的内容包括问卷的整体结构、问卷的题项表述、题项的内容与关系等，剔除了重复的题项，增加了必要的题项。具体修订内容如表 3.16 所示。

表 3.16　量表确定访谈问卷修订表

修订内容	修订前	修订后
问卷标题	全息投影健身问卷调查	全息智能健身问卷调查
	XC3 在全息智能健身时，智能设备可以为我提供及时的指导	在全息智能健身时，智能设备可以为我提供及时的指导，帮助我完成训练任务
	XD1 全息智能健身能够极大程度地调动健身的趣味性和娱乐性	全息智能健身中的训练内容及组合多样化使训练过程不枯燥
	M1B4 在全息智能健身时，我可以获得自己健身进度的反馈	在全息智能健身时，我可以即时获得自己健身进度的反馈
	M1C3 在全息智能健身时，我相信我的技能可以让我迎接挑战	在全息智能健身时，我相信我的技能能够应对健身挑战
	M1D2 在全息智能健身时，我会大脑空白，除了我在注意的东西	当我在全息智能健身中参与各项活动时，我不考虑其他事情
	M2C4 全息智能健身的课程内容及相关资讯信息更新及时迅速	在全息智能健身中参与各健身活动能够让我掌握各种知识与技能，如健康保健知识等
	M2B1 全息智能健身可以扩展我的社交层	全息智能健身可以让我结交更多的朋友
	M2D4 全息智能健身可以让我身心放松和愉悦，不会在意外界的干扰	全息智能健身可以舒缓我的压力，使我得到放松
	Q2：您的年龄：(1)18 岁以下；(2) 18～24 岁；(3) 25～44 岁；(4) 45～65 岁；(5) 65 岁以上	(1) 18～24 岁；(2) 25～34 岁；(3) 35～44 岁；(4) 45～54 岁；(6) 55 岁以上

资料来源：研究整理。

3.1.5　试调查

通过前测性访谈，问卷中存在的问题得到了及时的发现与修正，但是并不能保证所有存在的问题都得到了修正。由于前测性访谈主要是通过管理领域的专家和学者进行的，潜在的被试者在学历层次，工作背景方面与前测性访谈工作中的专家学者具有很大的差别，相关问题理解方面也会存在一定偏差。所以不可避免地就会对问卷题项的理解存在困难，非常有必要在前测之前进行试调查。为此，本研究进行了试调查，试调查对象包括深圳、广州、长沙、北京、天津等地的 5 家规模、设施规格相同的全息智能健身房的 30 名健身者。在 30 名健身者中包括 17 名男性试调查者，13 名女性试调查者，年龄区间 18～55 岁，文化程度都为初中及以上。通过试调查，健身者反馈了答题的感受、对问题的态度及问卷的填答情况，笔者根据被调查者的建议对问卷题项进行了及时的修订与完善。具体题项修正情况见表 3.17。

表 3.17　试调查后的题项修订表

原始题项	修订题项
XB4 全息情境训练中喜欢与他人交流与合作	在全息智能健身时，可以进行人际互动
XD4 全息智能健身社交互动平台能够增强运动的趣味性	全息智能健身所提供的虚拟场景增强了健身过程的趣味性
M1B3 在全息智能健身时，我意识到我的表现有多好	在全息智能健身时，我能从设备显示的数据知道我的训练表现
M1C1 在全息智能健身时，完全展示了我的潜力	在全息智能健身时，所提供的技术与挑战我都可以适应
M1D3 在全息智能健身时，感觉自己处于一个人的世界中，只与高度集中的对象相连	在全息智能健身时，全世界仿佛只有我一个，任何吵闹都影响不了我
M2C5 全息智能健身提升了整体服务的质量	全息智能健身提升了整体服务质量
M2B4 参与全息智能健身可以提升我的社会层次感	参与全息智能健身是我身份或个性的一种体现
Y5 我愿意在全息智能健身房中健身	与传统健身房相比，我更愿意在全息智能健身房中健身

前测测试问卷调查，分为以下 5 个部分：一是全息智能健身特征量表，包括沉浸性、互动性、智能性、娱乐性 4 个维度，共 20 个题项，每个维度 5 个题项。二是沉浸体验量表，共有 5 个维度，包括清晰的目标（4 个题项）、即时的反馈（4 个题项）、挑战与技术平衡（4 个题项）、潜在的控制感（4 个题项）、活动和意识融为一体（4 个题项），共 20 个题项。三是体验价值量表，共有 4 个维度，每个维度 5 个题项，一共 20 个题项。四是消费意愿量表，为单维度变量，包括 5 个题项。五是被试者的基本资料，包括 5 个题项。

3.2 前测测试

经过前测性访谈和试调查，修正和完善了问卷中存在的问题，但前测性访谈与试调查都属于对量表的定性研究，量表的各维度是否准确？题项是不是对维度的反映？对这些问题还需用科学的方法进行定量检验。本研究通过前测测试来检验问卷的有效性，再进行正式问卷的发放。

3.2.1 前测测试的评价程序

在建立结构方程模型时，通过对数据的可信程度和有效程度进行分析，能够明确所得到的调查数据能否说明调查的结论。前测测试主要涉及对问卷的信度与效度进行分析。通过前测性访谈和试调查，本研究所用量表的内容信度也会得到进一步提升。前测测试的程序包括信度评价和结构效度评价，具体如下：

（1）在一定范围内进行前测测试的问卷发放，问卷发放原则是要确保问卷回收的及时性，只有这样，问卷填答才能真实准确。

（2）描述性统计分析前测测试所得人口统计变量，对所测试样本特征做进一步深入了解。

（3）分析量表题项信度，对量表中 CITC＜0.5 的题项进行删除，保证题项剔除后，量表的总 Cronbach's α 系数可以提升，以提升量表的整体信度。

（4）剔除量表的不可靠题项后，检验量表中 KMO、Bartlett 球形度，进而确定量表是否适合因子分析。

（5）对量表进行探索性因子分析，分析影响构念的因子个数，以及每个因子与构念的相关程度。

（6）对量表进行验证性因子分析，检测所确定的模型实际拟合数据的能力。

3.2.2 前测测试数据的获取

本研究的前测测试从 2022 年 7 月 25 日到 2022 年 8 月 10 日，历时 16 天。

所有前测测试问卷都通过网络发放，为了保证测试样本都为全息智能健身参与者，在当地全息智能健身房用户微信群进行发放。为了避免数据的同源误差，每家全息智能健身房发放的问卷不超过 50 份。通常，预测者应该与正式调查表所选取的被测者具有同样的性质，而被试的数量，应该是调查表中问题最多量表题项的 3～5 倍（吴明隆，2003）。研究的 4 个量表的分量表题项数为 65 个，则预试对象最好为 195～325 个。另外，问卷量表需要进行因子分析，应尽可能包括多的受试者。

3.2.3 前测测试描述性统计分析

描述性统计分析是以前测测试基本信息作为分析对象进行的分析。如表 3.18 所示，在前测测试中，有效样本为 252 个。从总体上看，相比于女性健身者，男性健身者数量更多一些。在全息智能健身房中，男性会员占比较高。这也符合全息智能健身房的现实情况。

18～34 岁是全息智能健身的主要人群，实际占比 64.2%，该类人群大多接受过高等教育，对新事物适应能力较强，而且适应速度相当快，健身意识非常强，因此他们会坚持健身和投资。

调查发现，大专及以上学历的健身房成员比例为 55.4%，占健身人群总数的半数以上；硕士研究生及以上学历的比例为 11.8%。接受过高等教育的健身人群，是社会中的佼佼者，不管是对经济发展方面，还是对社会进步方面，都能起到非常重要的作用，他们更注重生活品质，对身体健康状况较为重视。

健身消费者中，32.3%左右为公司员工，事业单位员工和经营者占比分别为 21.2%和 6%，还有一些是大学生和自由职业者。健身房会员大多有固定职业。首先，该部分人群有着较为稳定的收入来源，健身方面的开销对他们来说并没有太大的压力；其次，他们的闲余时间比较多，健身时间较充裕，对良好健身习惯的养成有促进作用；最后，他们具有较强的健身意识，能长期坚持锻炼。

全息智能健身人群收入大多在 5 000 元以上，普遍是比较高的。这一比例在57.8%左右。由于目前中国全息智能健身房刚刚起步，不管是运营体系还是管理机制都有较大的发展空间，特别是在一些高端消费场所，实际收费是非常高的。因此，健身消费者需具备较强的消费能力。

表3.18 前测测试的人口统计信息描述（$N=252$）

人口统计学变量	样本特征	频率	百分比
性别	男	145	57.4%
	女	107	42.6%
年龄	18～24岁	107	42.6%
	25～34岁	90	35.8%
	35～44岁	34	13.5%
	45～54岁	13	5.2%
	55岁以上	6	2.3%
文化程度	小学及以下	4	1.5%
	初中	32	12.8%
	高中及中专	76	30.3%
	本科及大专	110	43.6%
	硕士研究生及以上	30	11.8%
职业	学生	42	16.5%
	公务员或事业单位员工	53	21.2%
	公司员工	81	32.3%
	企业经营者	15	6.0%
	自由职业	34	13.4%
	其他	27	10.6%
月收入	1 000元以下	24	9.5%
	1 001～3 000元	31	12.3%
	3 001～5 000元	51	20.4%
	5 001～8 000元	69	27.4%
	8 001～10 000元	44	17.4%
	10 000元以上	33	13.0%

3.2.4　前测测试信度和效度分析

在研究中，效度和信度这两个指标通常用来衡量量表所测量的结果是否能正确反映客观事实，达到测验的目的，只有当量表的信度和效度达到测量学的基本要求时，量表才具有应用价值。因此，在进行量表题项的合理性验证的过程中，首先根据信度和效度检验后的结果对问卷进行分析，然后进行探索性因子分析。由于全息智能健身特征量表开发的过程中已作探索性因子分析，沉浸体验量表、体验价值量表和消费意愿量表采用的是成熟量表，在前测测试分析中只作验证性因子分析，通过验证性因子分析来检验量表的因素结构模型是否与实际收集的数据一致，获得量表的正式版本。

效度是指所使用的测试或量表的有效程度，反映测验或量表能够准确测量待测特性的程度。常见的效度指标包括内容效度、标准效度、结构效度。本研究所采用的主要测度量表除全息智能健身特征量表自行开发外，均来源于已被很多学者使用和认可的成熟量表，具备一定的准则效度。同时，在确定并投放正式问卷之前，通过专家评定和预测试，对原始问卷的部分题项和内容进行了适当修正，具备相当的内容效度。本研究采用探索性因子分析（EFA）对测度量表进行结构效度检验。在进行探索性因子分析之前，要对样本数据进行 KMO 检测和 Bartlett 球形度检验，以确认是否适合进行因子分析。Kaiser 认为，KMO 的度量标准以 0.7 为界，0.7 表示合适，0.8 表示很适合，0.9 以上表示非常适合。为确保结果准确、有效和一致，本研究同时进行 KMO 检测和 Bartlett 球形度检验。

信度又称可靠性，是指测量结果的一致性和稳定性。信度越高，表明所测得结果误差越小，反映量表的一致性越高。本研究采用 Cronbach's α 系数对量表的信度进行检验。Nunally（1967）将 Cronbach's α 系数值等于 0.5 作为信度的最低标准，0.6 及以上较好。本研究将同时使用项目删除后的 Cronbach's α 值综合判断量表的一致性问题。运用 SPSS23.0 对关键变量进行探索性因子分析，采用主成分分析法和最大方差旋转法进行实证检验，按照特征根大于 1 的方式提取因子。题项的因子负荷以大于 0.5 为标准，因子负荷在 0.5 以上表明收敛效度较好，予以接受；因子负荷在 0.5 以下的则剔除。

1. 全息智能健身特征量表的信度和效度分析

(1) 信度分析

从全息智能健身特征信度分析表 3.19 可以看到，在全息智能健身特征量表的 20 个题项中，各题项 CITC 取值均大于 0.5，符合 CITC 值大于 0.5 的要求。沉浸性、互动性、智能性、娱乐性 4 个维度的 Cronbach's α 系数分别为 0.872、0.901、0.839、0.906，系数值均超过要求值 0.8，说明研究数据信度质量较高，数据信度符合要求，可以进一步分析。

表 3.19 全息智能健身特征量表信度分析

测量维度	题项	CITC	项已删除的 α 系数	各维度的 α 系数	全息智能健身特征量表的 α 系数
沉浸性	XA1	0.707	0.842	0.872	0.934
	XA2	0.673	0.850		
	XA3	0.654	0.855		
	XA4	0.702	0.844		
	XA5	0.753	0.831		
互动性	XB1	0.781	0.874	0.901	
	XB2	0.738	0.885		
	XB3	0.784	0.873		
	XB4	0.746	0.882		
	XB5	0.735	0.885		
智能性	XC1	0.648	0.805	0.839	
	XC2	0.647	0.805		
	XC3	0.648	0.805		
	XC4	0.644	0.805		
	XC5	0.627	0.810		
娱乐性	XD1	0.782	0.882	0.906	
	XD2	0.750	0.888		
	XD3	0.759	0.887		
	XD4	0.758	0.887		
	XD5	0.773	0.883		

（2）KMO 和 Bartlett 球形度检验

通过因子分析对信息进行浓缩，KMO 为 0.938，高于 0.7，符合 Kaiser 给出的 KMO 度量标准。数据通过 Bartlett 球形度检验（$p<0.001$），近似卡方值为 2 958.147，说明研究数据适合进行因子分析，见表 3.20。

表 3.20　全息智能健身特征量表 KOM 和 Bartlett 球形度检验

KMO 值	0.938	
Bartlett 球形度检验	近似卡方	2 958.147
	df	190
	p 值	0.000

（3）验证性因子分析

如表 3.21 所示，全息智能健身特征量表的卡方自由度比为 1.184，GFI、RMSEA 和 RMR 拟合指数分别为 0.932、0.027 和 0.034，CFI、NFI 和 NNFI 拟合指数则分别为 0.989、0.937 和 0.988，所有的评价指标都在要求范围之内，表明全息健身特征量表的拟合度很好。

表 3.21　全息智能健身特征量表前测验证性因子分析拟合指数

拟合指标	χ^2/df	GFI	RMSEA	RMR	CFI	NFI	NNFI
判断标准	<3	>0.9	<0.10	<0.05	>0.9	>0.9	>0.9
值	1.184	0.932	0.027	0.034	0.989	0.937	0.988

如表 3.22 所示，全息智能健身特征量表验证性因子分析各题项均满足因子载荷大于 0.5 的要求；所有因子显著性检验均达标（$p<0.001$）；各构念的 AVE 值为 0.512～0.658，满足 AVE 大于 0.5 的要求；所有 CR 值都在 0.7 以上，表明全息智能健身特征量表的所有题项均符合要求。

表 3.22　全息智能健身特征量表前测聚合效度分析结果

维度	题项	标准因子载荷（R）	组合信度 CR 值	平均方差萃取 AVE 值
沉浸性	XA1	0.777***	0.872	0.578
	XA2	0.736***		
	XA3	0.706***		
	XA4	0.773***		
	XA5	0.806***		

续表

维度	题项	标准因子载荷（R）	组合信度 CR 值	平均方差萃取 AVE 值
互动性	XB1	0.837***	0.903	0.650
	XB2	0.784***		
	XB3	0.835***		
	XB4	0.793***		
	XB5	0.781***		
智能性	XC1	0.707***	0.840	0.512
	XC2	0.713***		
	XC3	0.729***		
	XC4	0.727***		
	XC5	0.700***		
娱乐性	XD1	0.849***	0.906	0.658
	XD2	0.801***		
	XD3	0.804***		
	XD4	0.804***		
	XD5	0.797***		

注：*** $p<0.001$、** $p<0.01$、* $p<0.05$。

表 3.23　区分效度：Pearson 相关与 AVE 平方根值

	沉浸性	互动性	智能性	娱乐性
沉浸性	0.760			
互动性	0.565	0.806		
智能性	0.500	0.529	0.715	
娱乐性	0.523	0.551	0.575	0.811

注：斜对角线数字为 AVE 平方根值。

各因子的平均提取方差值（AVE）的算术平方根均大于其与其他因子的相关系数的绝对值，表明该量表具有良好的区分效度。

2. 沉浸体验量表的信度和效度分析

(1) 信度分析

从表 3.24 可以看到，该表共有 20 个题项，各题项 CITC 取值均超出 0.5，符合 CITC 值大于 0.5 的要求。清晰的目标、即时的反馈、挑战与技术平衡、活动和意识融为一体、潜在的控制感 5 个维度的 Cronbach's α 系数分别为 0.859、0.825、0.869、0.848、0.881，沉浸体验量表所对应的 Cronbach's α 系数为 0.936，量表内部一致性表现明显，可信度非常高。关于"项已删除的 α 系数"，随意删除 1 项，信度系数升幅并不是很明显，说明题项不应该做删除处理。

表 3.24　沉浸体验量表信度分析

测量维度	题项	CITC	项已删除的 α 系数	各维度的 α 系数	沉浸体验量表的 α 系数
清晰的目标	M1A1	0.710	0.817	0.859	0.936
	M1A2	0.714	0.815		
	M1A3	0.704	0.820		
	M1A4	0.687	0.827		
即时的反馈	M1B1	0.653	0.778	0.825	
	M1B2	0.670	0.771		
	M1B3	0.618	0.796		
	M1B4	0.663	0.774		
挑战与技术平衡	M1C1	0.738	0.826	0.869	
	M1C2	0.708	0.838		
	M1C3	0.715	0.835		
	M1C4	0.724	0.831		
活动和意识融为一体	M1D1	0.651	0.821	0.848	
	M1D2	0.708	0.797		
	M1D3	0.707	0.798		
	M1D4	0.677	0.810		

续表

测量维度	题项	CITC	项已删除的 α 系数	各维度的 α 系数	沉浸体验量表的 α 系数
潜在的控制感	M1E1	0.747	0.845	0.881	0.936
	M1E2	0.738	0.849		
	M1E3	0.712	0.859		
	M1E4	0.773	0.835		

（2）KMO 和 Bartlett 球形度检验

表 3.25 显示，沉浸体验量表 KMO 检验值为 0.938，符合 Kaiser 给出的 KMO 度量标准。Bartlett 球形度检验近似卡方值为 2 799.807，显著性低于 0.001，说明沉浸体验量表适合进行因子分析。

表 3.25　沉浸体验量表 KOM 和 Bartlett 球形度检验

KMO 值	0.938	
Bartlett 球形度检验	近似卡方	2 799.807
	df	190
	p 值	0.000

（3）验证性因子分析

如表 3.26 所示，全息智能健身量表的卡方自由度比为 1.054，GFI 拟合指数为 0.938，RMSEA、RMR、CFI、NFI 所对应的拟合指数分别为 0.015、0.030、0.997 和 0.942，NNFI 拟合指数则为 0.996，所有的评价指标都在要求范围之内，表明全息健身沉浸体验量表的拟合度很好。

表 3.26　沉浸体验量表前测验证性因子分析拟合指数

拟合指标	χ^2/df	GFI	RMSEA	RMR	CFI	NFI	NNFI
判断标准	＜3	＞0.9	＜0.10	＜0.05	＞0.9	＞0.9	＞0.9
值	1.054	0.938	0.015	0.030	0.997	0.942	0.996

如表 3.27 所示，沉浸体验量表验证性因子分析各题项均满足因子载荷大

于 0.5 的要求，所有因子显著性检验都已通过（$p<0.001$）；各构念的 AVE 值为 0.545～0.651，满足 AVE 大于 0.5 的要求，所有 CR 值都在 0.7 以上，表明沉浸体验量表所有题项都符合要求。

表 3.27 沉浸体验量表前测聚合效度分析结果

维度	题项	标准因子载荷（R）	组合信度 CR 值	平均方差萃取 AVE 值
清晰的目标	M1A1	0.790***	0.859	0.604
	M1A2	0.778***		
	M1A3	0.780***		
	M1A4	0.759***		
即时的反馈	M1B1	0.720***	0.827	0.545
	M1B2	0.760***		
	M1B3	0.711***		
	M1B4	0.759***		
挑战与技术平衡	M1C1	0.820***	0.869	0.624
	M1C2	0.786***		
	M1C3	0.768***		
	M1C4	0.786***		
活动和意识融为一体	M1D1	0.733***	0.848	0.583
	M1D2	0.782***		
	M1D3	0.772***		
	M1D4	0.768***		
潜在的控制感	M1E1	0.798***	0.882	0.651
	M1E2	0.821***		
	M1E3	0.774***		
	M1E4	0.832***		

注：*** $p<0.001$、** $p<0.01$、* $p<0.05$。

表 3.28 区分效度：Pearson 相关与 AVE 平方根值

	清晰的目标	即时的反馈	挑战与技术平衡	活动和意识融为一体	潜在的控制感
清晰的目标	0.777				
即时的反馈	0.542	0.738			
挑战与技术平衡	0.570	0.547	0.790		
活动和意识融为一体	0.594	0.577	0.568	0.764	
潜在的控制感	0.564	0.533	0.557	0.543	0.807

注：斜对角线数字为 AVE 平方根值。

各因子的平均提取方差值（AVE）的算术平方根均大于其与其他因子的相关系数的绝对值，表明该量表具有良好的区分效度。

3. 体验价值量表的信度和效度分析

（1）信度分析

从表 3.29 可以看到，体验价值量表的 20 个题项中，CITC 值都大于 0.5，符合 CITC 值大于 0.5 的要求。顾客投资报酬价值、社会价值、功能价值、享乐价值 4 个维度的 Cronbach's α 分别为 0.876、0.887、0.891、0.884，系数值均高于 0.8，说明该研究数据有着较高的信度质量。

表 3.29 体验价值量表信度分析

测量维度	题项	CITC	项已删除的 α 系数	各维度的 α 系数	体验价值量表的 α 系数
顾客投资报酬价值	M2A1	0.723	0.845	0.876	0.938
	M2A2	0.699	0.851		
	M2A3	0.740	0.842		
	M2A4	0.682	0.855		
	M2A5	0.686	0.854		
社会价值	M2B1	0.631	0.847	0.887	
	M2B2	0.694	0.831		
	M2B3	0.714	0.826		
	M2B4	0.673	0.837		
	M2B5	0.701	0.829		

续表

测量维度	题项	CITC	项已删除的 α 系数	各维度的 α 系数	体验价值量表的 α 系数
功能价值	M2C1	0.708	0.868	0.891	0.938
	M2C2	0.708	0.867		
	M2C3	0.751	0.857		
	M2C4	0.722	0.863		
	M2C5	0.746	0.858		
享乐价值	M2D1	0.702	0.864	0.884	
	M2D2	0.749	0.853		
	M2D3	0.721	0.859		
	M2D4	0.678	0.869		
	M2D5	0.762	0.850		

(2) KMO 和 Bartlett 球形度检验

从表 3.30 可以看出，体验价值量表的 KMO 取值 0.941，超出标准值 0.8，符合 Kaiser 给出的 KMO 度量标准，Bartlett 球形度检验近似卡方取值 2 902.807，显著低于 0.001，说明该量表适合进行因子分析。

表 3.30　体验价值量表 KOM 和 Bartlett 球形度检验

KMO 值	0.941	
Bartlett 球形度检验	近似卡方	2 902.807
	df	190
	p 值	0.000

(3) 验证性因子分析

如表 3.31 所示，体验价值量表的卡方自由度比为 1.181，GFI 拟合指数为 0.930，RMSEA 拟合指数为 0.027，RMR、CFI、NFI、NNFI 拟合指数则分别为 0.032、0.989、0.936 和 0.988，所有的评价指标都在要求范围之内，表明体验价值量表的拟合度很好。

表 3.31　体验价值量表前测验证性因子分析拟合指数

拟合指标	χ^2/df	GFI	RMSEA	RMR	CFI	NFI	NNFI
判断标准	<3	>0.9	<0.10	<0.05	>0.9	>0.9	>0.9
值	1.181	0.930	0.027	0.032	0.989	0.936	0.988

如表 3.32 示，各题项因子载荷均已超出 0.5，标准要求已经得到满足，所有因子显著性检测达标（$p<0.001$）；各构念 AVE 为 0.559～0.613，都高于 0.5，CR 值则高于 0.7，说明体验价值量表的所有题项均符合要求。

表 3.32　体验价值量表前测聚合效度分析结果

维度	题项	标准因子载荷（R）	组合信度 CR 值	平均方差萃取 AVE 值
顾客投资报酬价值	M2A1	0.779***	0.876	0.586
	M2A2	0.746***		
	M2A3	0.822***		
	M2A4	0.730***		
	M2A5	0.747***		
社会价值	M2B1	0.681***	0.864	0.559
	M2B2	0.756***		
	M2B3	0.791***		
	M2B4	0.740***		
	M2B5	0.767***		
功能价值	M2C1	0.760***	0.888	0.613
	M2C2	0.766***		
	M2C3	0.795***		
	M2C4	0.785***		
	M2C5	0.806***		
享乐价值	M2D1	0.758***	0.885	0.607
	M2D2	0.818***		
	M2D3	0.770***		
	M2D4	0.727***		
	M2D5	0.818***		

注：*** $p<0.001$、** $p<0.01$、* $p<0.05$。

表 3.33　区分效度：Pearson 相关与 AVE 平方根值

	报酬价值	社会价值	功能价值	享乐价值
报酬价值	0.766			
社会价值	0.585	0.748		
功能价值	0.576	0.561	0.783	
享乐价值	0.555	0.607	0.582	0.779

注：斜对角线数字为 AVE 平方根值。

各因子的平均提取方差值（AVE）的算术平方根均大于其与其他因子的相关系数的绝对值，表明该量表具有良好的区分效度。

4. 健身消费意愿量表的信度和效度分析

（1）信度分析

从表 3.34 可以看到，消费意愿量表中 5 个题项的 CITC 值都大于 0.5，符合 CITC 值大于 0.5 的要求。量表总体 Cronbach's α 为 0.883，大于 0.8，说明该研究数据有着较高的信度。针对"项已删除的 α 系数"，不管是删除哪一项，信度系数上升幅度都不会很大，说明不能够将该题项删除。

表 3.34　消费意愿量表信度分析

测量维度	题项	CITC	项已删除的 α 系数	消费意愿量表的 α 系数
消费者意愿	Y1	0.732	0.856	0.883
	Y2	0.729	0.857	
	Y3	0.696	0.864	
	Y4	0.728	0.857	
	Y5	0.715	0.860	

（2）KMO 和 Bartlett 球形度检验

从表 3.35 数据来看，KMO 值为 0.871，已经超出 0.8，符合 Kaiser 给出的 KMO 度量标准；Bartlett 球形度检验近似卡方值为 627.708，显著性水平则低于 0.001，将具体数值与标准值进行对比会发现，用本量表进行因子分析较为合适。

表 3.35　消费意愿量表 KOM 和 Bartlett 球形度检验

KMO 值	0.871	
Bartlett 球形度检验	近似卡方	627.708
	df	10
	p	0.000

（3）验证性因子分析

如表 3.36 所示，对于消费意愿量表，其卡方自由度比值为 2.347，小于 3。GFI 拟合指数为 0.983，RMSEA 拟合指数为 0.073。RMR 和 CFI 拟合指数分别为 0.021 和 0.989，NFI 和 NNFI 拟合指数则分别为 0.982 和 0.979，所有的评价指标都在要求范围之内，说明消费意愿量表拟合度比较高。

表 3.36　消费意愿量表前测验证性因子分析拟合指数

拟合指标	χ^2/df	GFI	RMSEA	RMR	CFI	NFI	NNFI
判断标准	<3	>0.9	<0.10	<0.05	>0.9	>0.9	>0.9
值	2.347	0.983	0.073	0.021	0.989	0.982	0.979

如表 3.37 所示，消费意愿量表验证性因子分析各题项均满足因子载荷大于 0.5 的要求，所有因子显著性检验都已通过（$p<0.001$）；与构念相对应的 AVE 值均已超过 0.5，CR 值在 0.7 以上，也就是说，消费意愿量表聚合效度能够满足实际要求。

表 3.37　消费意愿量表前测聚合效度分析结果

维度	题项	标准因子载荷（R）	组合信度 CR 值	平均方差萃取 AVE 值
消费意愿	Y1	0.788***	0.884	0.604
	Y2	0.748***		
	Y3	0.787***		
	Y4	0.772***		
	Y5	0.788***		

注：*** $p<0.001$、** $p<0.01$、* $p<0.05$。

3.2.5　正式问卷的最终确定

为了使问卷科学合理，适合全息智能健身领域，本研究通过前测性访谈，问卷信度、内容效度都有所提高。在此基础上，对 252 名全息智能健身用户进行了前测测试。通过前测测试，分析了问卷的信度、结构效度等方。针对问卷调查的结果，对问卷设计做了必要的调整，使问卷更加科学合理。经过以上程序，将本研究正式测试问卷确定下来。此次正式测试的调查问卷包括 5 部分内容。具体如下：

（1）全息智能健身特征部分，由沉浸性、互动性、智能性、娱乐性 4 个维度构成，共 20 个题项。

（2）沉浸体验部分，包括清晰的目标、即时的反馈、挑战与技术平衡、活动和意识融为一体、潜在的控制感 5 个维度，共 20 个题项。

（3）体验价值部分，共有 4 个维度，合计 20 个题项，包括社会价值、功能价值、享乐价值和顾客投资报酬价值。

（4）消费意愿部分，为单维度变量，包括 5 个题项。

（5）被试者的基本资料构成部分，包括文化程度、被试者性别等。

3.3　本章小结

本章主要是根据研究模型变量做问卷设计，开发并验证了全息智能健身特征量表，修正了沉浸体验量表、体验价值量表、消费意愿量表，通过前测测试的试调查和反复修正，形成各变量的初始量表。

第 4 章　研究结果与分析

根据前测测试确定最终的调查问卷，问卷发放地主要集中于长沙、深圳、广东、北京、天津地区。根据对问卷数据的分析，对全息智能健身特征、沉浸体验、体验价值、消费意愿的假设关系进行实证检验。

4.1　样本选择与数据获取

本研究主要关注全息智能健身特征、沉浸体验、体验价值、消费意愿等变量之间的关系。研究样本选取为全息智能健身者。由于技术前沿性、市场需求、经济实力和政策支持等多种因素的影响，目前全息智能健身房仅在中国一线城市较为普及。为确保选取样本的准确性，选取中国一线城市的全息智能健身房发放问卷。被试者主要来自广州、深圳、长沙、北京、天津等 5 个城市，包括深圳氧库国际游泳健身、华南理工光影律动课室、北京市 Liking Fit 智能健身房等 5 家企业，5 家企业的全息智能健身房规模、设备规格一致。健身者的年龄、收入、学历、职业尽量多元化。

本次调查全部采用电子问卷进行网络在线答题。通过问卷星进行问卷设计，然后请委托人将问卷通过微信群发放到被测者手中。为了确保被试者均为全息智能健身房的健身人员，问卷主要委托全息智能健身房的工作人员向会员微信群进行发放，在发放过程中，明确被试者为有全息智能健身经历的健身会员，以保证样本的准确性。从 2022 年 10 月 25 日到 2022 年 11 月 18 日，在目标城市内发放正式问卷。由于电子问卷通过网络发放，不易统计发放数量，只统计收回数量，实际收回问卷 550 份，将 26 份无效问卷进行剔除，实际所得有效问卷 525 份，有效回收率 95.45％。无效问卷的剔除标准为：（1）填答时间过少，没有进行思考所填的问卷。通过网络统计，填答时间少于 3 分钟的问卷视为无效问卷。（2）题项选择相同的问卷。说明被试者没有认真思考，将同一量表题项选择均相同的问卷予以删除。

4.2　描述性统计分析

描述性统计分析的对象是与样本相关的信息。如表 4.1 所示，在正式测试中，有效样本为 525 个。通过统计分析，被试者中男性 279 人，约占样本总量的 53.1％；女性 246 人，占比 46.9％。健身人员集中于 18～24 岁，达到 195 人，占样本总量的 37.1％；25～44 岁的健身人员达到 190 人，占样本总量的 36.1％；35～44 岁的健身人员 86 人，占样本总量的 16.4％；45～55 岁的健身人员 46 人，占样本总量的 8.8％。可以看出，健身人员中青年人居多，55 岁以上的 8 人。从接受教育方面来看，在所调查的健身人员中，大专及本科学历的健身人员合计 216 人，占样本总量的 41.1％；高中学历的健身人员 149 人，占样本总量的 28.4％；硕士研究生及以上学历的健身人员合计 88 人，实际占比 16.8％。从职业分布方面来看，公司员工的健身人员为 66 人，占样本总量的 12.6％；公务员或事业单位员工的健身人员为 60 人，占样本总量的 11.4％；军人健身人员为 72 人，占样本总量的 13.7％。从月收入分布来看，月收入为 1 001～3 000 元的健身人员数量最多，达到 113 人，占样本总量的 21.5％；134 人的月收入为 3 001～5 000 元，占比 25.5％；69 人的月收入为 8 001～10 000 元，占样本总量的 13.1％。

表 4.1　正式测试的人口统计信息描述（N＝525）

类别		人数	百分比
性别	男	279	53.1%
	女	246	46.9%
	18～24 岁	195	37.1%
年龄	25～34 岁	190	36.1%
	35～44 岁	86	16.4%
	45～54 岁	46	8.8%
	55 岁以上	8	1.5%
文化程度	初中及以下	72	13.7%
	高中	149	28.4%
	大专及本科	216	41.1%
	硕士研究生及以上	88	16.8%
职业	学生	62	11.8%
	军人	72	13.7%
	公务员或事业单位员工	60	11.4%
	公司员工	66	12.6%
	农民	70	13.3%
	个体工商户	67	12.8%
	自由职业	68	13%
	其他	60	11.4%
月收入	1 000 元以下	75	14.3%
	1 001～3 000 元	113	21.5%
	3 001～5 000 元	134	25.5%
	5 001～8 000 元	107	20.4%
	8 000～10 000 元	69	13.1%
	10 000 元以上	27	5.1%

4.3　统计分析方法和拟合指标体系

对正式调研数据进行信度和效度检验，在前测数据检验中已确定了量表。为了增强检验的有效性和适用性，使用验证性因子分析（CFA）进行检验。为了提高模型的拟合优度，对正式数据的测量题项进行信度检验。同时，本研究采用 CFA 对正式调研数据测量题项和测量结构进行效度检验。CFA 是对研究中所编制的测量量表进行评估，检验已知的特定结构是否根据预期的方式产生作用，其分析更具逻辑性，也更具操作性（郭爱芳，2010）。本研究按照结构方程模型的思想建构模型，并通过 CFA 进行模型拟合检验。结构方程模型是一种建立、评估、验证因果关系模型的多元统计分析技术，是验证模型的方法之一，在理论引导下构建假设模型，观测诸多变量之间的因果关系。结构方程模型有两个特征：一是结构间的因果关系建立在既有文献与理论基础之上；二是结构的变量关系可被图像化表现出来，并将其进行概念化的应用。结构方程模型结合了因子分析、路径分析和多重回归分析等方法，在测度模型上进一步对变量的因果关系作出假设并探索测度，是测度模型和因果模型的综合。结构方程模型分析结合了传统统计学中的因子分析及路径分析，并纳入了计量经济学的联立方程式。结构方程模型的优势在于，它能够将假设模型中的所有变量都纳入考量，并对这些变量进行系统的拟合分析，使得整体模型的估计在最大程度上与所收集的数据达成一致。结构方程模型可对变量间不同类型的因果关系同时进行评估，适用于本研究所要探讨的整体模型的因果关系。为了进一步检验所提出的理论模型，本研究采用 AMOS 26.0 软件对整体模型进行结构方程模型分析。结构方程模型分析包括模型建构、模型拟合、模型评价、模型修正 4 个主要步骤。

1. 模型建构

模型建构包括结构模型建构和测量模型建构，前者是依据相关理论或经验对潜变量之间的因果关系进行确定，后者是对潜变量与观测变量之间的因果关系进行确定。同时，在模型因果关系的确定过程中，还可以对变量的相关参数进行设定。

2. 模型拟合

在模型构建完成之后，对模型的参数进行估计，设法求出模型的解。在结构方程模型的分析中，参数值的估计通常采用极大似然估计、未加权最小二乘估计和广义最小二乘估计等估计方法，参数的估计值越小，模型拟合效果越好。

3. 模型评价

模型评价是在上一步的基础上对拟合效果进行评价。该步骤的任务是检验预设模型的合理性，采用广为应用的模型拟合指标对模型的拟合效果进行评估。

4. 模型修正

参照模型评价标准，如果发现拟合模型与原假设存在差异，则需要根据研究的具体情况，通过模型修正达到或符合要求。在模型拟合结果的评估上，以往研究广泛采用的模型整体拟合优度指标主要包括三类：绝对适配拟合优度指标（χ^2/df、GFL、AGFI、RMR 和 RMSEA），增值拟合优度指标（NFI、RFI、IFI、CFI、TLI）和简约适配度指标（PNFI、PGFI），各指标的具体判断标准可以参考吴明隆（2013）的研究。

4.4 正式问卷信度和效度分析

4.4.1 信度分析

1. 全息智能健身特征量表信度分析

根据全息智能健身特征量表信度分析（表 4.2），全息智能健身特征量表包括的 20 个题项中，所有题项的 CITC 为 0.655～0.778，符合 CITC 值大于 0.5 的要求。沉浸性、互动性、智能性、娱乐性 4 个维度的 Cronbach’s α 系数分别为 0.868、0.901、0.863、0.885，说明全息智能健身特征量表的维度划分较为合理。它们均大于删除某一题项后的 α 系数，说明题项设置合理；

整体全息智能健身特征表的 Cronbach's α 系数为 0.933，超过要求值 0.8，说明量表内部一致性信度满足要求。

表 4.2　全息智能健身特征量表信度分析

测量维度	题项	CITC	删除该题项后的 α 系数	各维度 α 系数	全息智能健身特征量表的 α 系数
沉浸性	XA1	0.698	0.839	0.868	0.933
	XA2	0.682	0.842		
	XA3	0.655	0.849		
	XA4	0.694	0.840		
	XA5	0.727	0.831		
互动性	XB1	0.760	0.878	0.901	
	XB2	0.747	0.882		
	XB3	0.778	0.874		
	XB4	0.752	0.880		
	XB5	0.739	0.883		
智能性	XC1	0.705	0.830	0.863	
	XC2	0.668	0.839		
	XC3	0.689	0.834		
	XC4	0.677	0.836		
	XC5	0.679	0.836		
娱乐性	XD1	0.723	0.860	0.885	
	XD2	0.717	0.861		
	XD3	0.736	0.857		
	XD4	0.695	0.866		
	XD5	0.738	0.856		

2. 沉浸体验量表信度分析

根据沉浸体验量表信度分析（表 4.3），沉浸体验量表共有 20 个题项，CITC 取值为 0.625～0.755，符合 CITC 值大于 0.5 的要求。清晰的目标、即时的反馈、挑战与技术平衡、活动和意识融为一体、潜在的控制感 5 个维度的 Cronbach's α 系数分别为 0.855、0.822、0.875、0.835、0.868，对沉浸体验量表的维度划分是合理的。它们均大于删除某一题项后的 α 系数，说明题项设置合理，整体全息智能健身沉浸体验量表 Cronbach's α 系数取值为 0.932，达到了标准取值要求，说明量表内部一致性信度能够很好地满足实际要求。在各维度中，各条目系数 r 取值都大于 0.2，符合要求。也就是说，量表内部一致性信度非常好，本研究所需各种要求都能得到很好的满足。

表 4.3　沉浸体验量表信度分析

测量维度	题项	CITC	删除该题项后的 α 系数	各维度 α 系数	全息智能健身特征量表的 α 系数
清晰的目标	M1A1	0.708	0.811	0.855	0.932
	M1A2	0.705	0.813		
	M1A3	0.701	0.814		
	M1A4	0.677	0.824		
即时的反馈	M1B1	0.650	0.774	0.822	
	M1B2	0.655	0.772		
	M1B3	0.625	0.787		
	M1B4	0.654	0.772		
挑战与技术平衡	M1C1	0.733	0.840	0.875	
	M1C2	0.731	0.841		
	M1C3	0.734	0.839		
	M1C4	0.729	0.841		
活动和意识融一体	M1D1	0.643	0.800	0.835	
	M1D2	0.674	0.787		
	M1D3	0.686	0.781		
	M1D4	0.655	0.795		
潜在的控制感	M1E1	0.718	0.832	0.868	
	M1E2	0.704	0.840		
	M1E3	0.708	0.836		
	MIE4	0.755	0.818		

3. 消费意愿量表的信度分析

根据消费意愿量表信度分析（表 4.4），消费意愿量表包括 5 个题项，各题项 CITC 值为 0.657～0.705，符合 CITC 值大于 0.5 的要求。消费意愿维度的 Cronbach's α 系数为 0.865。消费意愿量表内部一致性信度都能很好地满足研究需要，并且均大于删除某一题项后的 α 系数，说明题项设置合理。整体消费意愿量表的 Cronbach's α 系数为 0.865，能够很好地满足量表内部一致性信度要求。

表 4.4　消费意愿量表信度分析

测量维度	题项	CITC	删除该题项后的 α 系数	消费意愿量表的 α 系数
消费者意愿	Y1	0.685	0.837	0.865
	Y2	0.705	0.832	
	Y3	0.691	0.836	
	Y4	0.696	0.834	
	Y5	0.657	0.845	

4. 体验价值量表信效度分析

从体验价值信度分析表可以看到，体验价值量表合计 20 个题项，相对应的 CITC 为 0.651～0.753，符合 CITC 值大于 0.5 的要求。顾客投资报酬价值、社会价值、功能价值、享乐价值 4 个维度的 Cronbach's α 系数分别为 0.867、0.857、0.893、0.877，相关系数标准值为 0.8，对该量表的维度划分是合理的。整体体验价值量表的 Cronbach's α 系数取值为 0.933，符合要求，说明能够很好地满足量表内部一致性信度要求，并且均大于删除某一题项后的 α 系数，说明题项设置合理。

表 4.5　体验价值信度分析表

测量维度	题项	CITC	删除该题项后的 α 系数	各维度的 α 系数	体验价值量表的 α 系数
顾客投资报酬	M2A1	0.687	0.840	0.867	0.933
	M2A2	0.697	0.838		
	M2A3	0.711	0.834		
	M2A4	0.663	0.846		
	M2A5	0.693	0.839		

续表

测量维度	题项	CITC	删除该题项后的 α 系数	各维度的 α 系数	体验价值量表的 α 系数
社会价值	M2B1	0.651	0.833	0.857	0.933
	M2B2	0.672	0.828		
	M2B3	0.688	0.824		
	M2B4	0.664	0.830		
	M2B5	0.690	0.824		
功能价值	M2C1	0.733	0.871	0.893	
	M2C2	0.737	0.870		
	M2C3	0.748	0.867		
	M2C4	0.721	0.873		
	M2C5	0.753	0.866		
享乐价值	M2D1	0.686	0.855	0.877	

4.4.2 效度分析

1. 全息智能健身特征量表分析

(1) KMO 测度值和 Bartlett 球形度

在进行因子分析时，用 KMO 测度值和 Bartlett 球形度对全息智能健身特征量表正式样本效度进行判断。从表 4.6 可以看出，全息智能健身特征量表的 KMO 测度值为 0.947，符合 Kaiser 给出的 KMO 度量标准，Bartlett 球形度检验近似卡方取值为 5 932.226，显著性水平取值小于 0.001，因此，可以对全息智能健身特征量表进行因子分析。

表 4.6 全息智能健身特征量表 KOM 和 Bartlett 球形度

取样足够度的 KMO 度量	0.947	
Bartlett 球形度检验	近似卡方	5 932.226
	自由度（df）	190
	显著性（Sig）	0.000

（2）全息智能健身特征结构维度的一阶验证性因子分析

通过全息智能健身特征量表的探索性因子分析，可以看出量表包括沉浸性、互动性、智能性、娱乐性 4 个分量表，分别包含 5 个题项。在此基础上，结合全息智能健身特征量表作验证性因子分析，检验全息智能健身特征量表的沉浸性、互动性、智能性、娱乐性的因素结构模型是否与实际收集数据匹配。如表 4.7 所示，全息智能健身特征量表的 df=164，χ^2=228.014，χ^2/df=1.390，RMSEA、CFI 和 TLI 拟合指数分别为 0.27、0.989 和 0.987，所有的评价指标都在要求范围之内，表明全息智能健身特征量表的一阶验证性因子分析模型拟合度很好，各路径系数的显著性 p 值都小于 0.001，见表 4.7。验证结果表明，全息智能健身特征 4 个维度的测量是有效的。

表 4.7　全息智能健身特征结构维度模型一阶验证性因子分析拟合检验指数

拟合指数	指数值	说明
df	164	自由度
χ^2	228.014	卡方
χ^2/df	1.390	卡方自由度比，χ^2/df≤3 表明模型拟合得好
RMSEA	0.27	近似误差均方根，RMSEA 取值为（0.05，0.08）表明模型拟合得好，RMSEA 取值低于 0.05 则表明模型拟合得非常好
SRMR	0.27	标准化均方根误差，SRMR<0.05 表明模型拟合得好
CFI	0.989	比较拟合指标，CFI>0.9 表明模型拟合得好
NNFI（TLI）	0.987	不规范拟合指数，NNFI>0.9 表明模型拟合得好

如表 4.8 所示，全息智能健身特征量表验证性因子分析各题项的因子载荷均为 0.709～0.829，满足因子载荷大于 0.5 的要求，全部因子通过显著性检验（p<0.001）；各构念的 AVE 为 0.559 7～0.648 6，AVE 标准取值为 0.5，很明显是达到要求的；各构念的 CR 为 0.864 0～0.902 2，满足 CR 大于 0.7 的要求，说明全息智能健身特征量表的所有题项均符合要求。

表 4.8　全息智能健身特征量表的聚合效度分析结果

维度	题项	标准因子载荷（R）	标准因子载荷（p）	AVE	CR
沉浸性	XA1	0.771	***	0.569 1	0.868 4
	XA2	0.749	***		
	XA3	0.709	***		
	XA4	0.764	***		
	XA5	0.777	***		
互动性	XB1	0.814	***	0.648 6	0.902 2
	XB2	0.790	***		
	XB3	0.829	***		
	XB4	0.805	***		
	XB5	0.788	***		
智能性	XC1	0.762	***	0.559 7	0.864 0
	XC2	0.727	***		
	XC3	0.757	***		
	XC4	0.752	***		
	XC5	0.742	***		
娱乐性	XD1	0.788	***	0.604 6	0.884 3
	XD2	0.775	***		
	XD3	0.796	***		
	XD4	0.756	***		
	XD5	0.776	***		

注：***$p<0.001$、**$p<0.01$、*$p<0.05$。

表 4.9　区分效度：Pearson 相关与 AVE 平方根值

	沉浸性	互动性	智能性	娱乐性
沉浸性	0.755			
互动性	0.545	0.805		
智能性	0.535	0.533	0.748	
娱乐性	0.538	0.528	0.541	0.778

因子的平均提取方差值（AVE）的算术平方根均大于其与其他因子的相关系数（表 4.9），表明该量表具有良好的区分效度。综上，量表各个维度既相关又互相独立，且各个维度都能充分体现该量表要测量的内容。

表 4.10　全息智能健身特征一阶验证性因子分析

	标准化路径系数	标准误	临界比值	p
XA5 ←—沉浸性	0.777			
XA4 ←—沉浸性	0.764	0.054	17.763	***
XA3 ←—沉浸性	0.709	0.056	16.329	***
XA2 ←—沉浸性	0.749	0.054	17.374	***
XA1 ←—沉浸性	0.771	0.057	17.935	***
XB5 ←—互动性	0.788			
XB4 ←—互动性	0.805	0.047	19.889	***
XB3 ←—互动性	0.829	0.047	20.631	***
XB2 ←—互动性	0.790	0.044	19.423	***
XB1 ←—互动性	0.814	0.049	20.158	***
XC5 ←—智能性	0.742			
XC4 ←—智能性	0.752	0.063	16.539	***
XC3 ←—智能性	0.757	0.066	16.658	***
XC2 ←—智能性	0.727	0.060	15.990	***
XC1 ←—智能性	0.762	0.058	16.751	***
XD5 ←—娱乐性	0.776			
XD4 ←—娱乐性	0.756	0.052	17.799	***
XD3 ←—娱乐性	0.796	0.055	18.885	***
XD2 ←—娱乐性	0.775	0.053	18.330	***
XD1 ←—娱乐性	0.788	0.051	18.680	***

注：*** $p<0.001$、** $p<0.01$、* $p<0.05$。

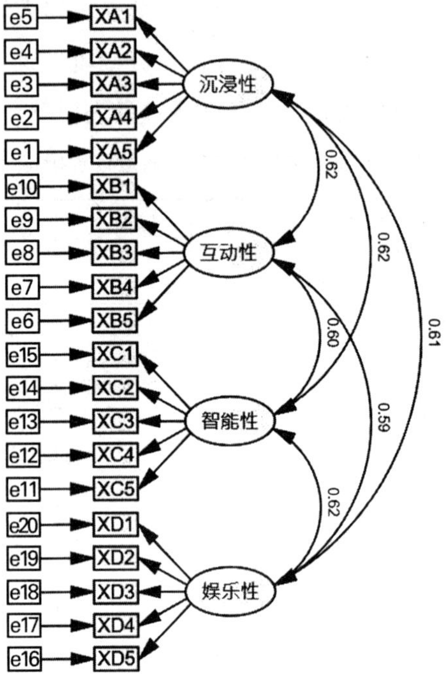

图 4.1　全息智能健身特征一阶验证性因子测量模型

表 4.11　全息智能健身特征潜变量之间的协方差估计

	协方差估计值	标准误	临界比值	p
互动性←→智能性	0.360	0.037	9.711	***
智能性←→沉浸性	0.320	0.034	9.413	***
沉浸性←→娱乐性	0.306	0.032	9.469	***
互动性←→沉浸性	0.310	0.033	9.409	***
智能性←→娱乐性	0.341	0.036	9.529	***
互动性←→娱乐性	0.334	0.035	9.600	***

从表 4.11 可以发现，全息智能健身特征 4 个潜变量间的协方差估计值显著异于 0，说明全息智能健身特征 4 个潜变量之间具有明显的共变关系，即具有显著相关性。4 个潜变量的相关系数均不小（0.59～0.62），提示该模型可能具有更高层次的因子结构。因此，这 4 个初阶因子可以归于另一个更高阶因子，必须使用二阶验证性因子分析进行验证。

(3) 全息智能健身结构维度的二阶验证性因子分析

依据前面分析，以沉浸性、智能性、互动性、娱乐性4个一阶因子为内因潜变量，以全息智能健身特征为外因潜变量的高阶因子，构建全息智能健身特征二阶因子结构方程模型。使用AMOS 23.0软件进行验证，结果如表4.12和图4.2所示。

表4.12 全息智能健身特征测量的二阶验证性因子分析

	标准化路径系数	标准误	临界比值	p
沉浸性←—全息智能健身	0.792			
互动性←—全息智能健身	0.768	0.086	11.980	***
智能性←—全息智能健身	0.785	0.078	11.633	***
娱乐性←—全息智能健身	0.778	0.081	11.914	***
XA5←—沉浸性	0.776			
XA4←—沉浸性	0.765	0.055	17.761	***
XA3←—沉浸性	0.709	0.056	16.326	***
XA2←—沉浸性	0.749	0.054	17.364	***
XA1←—沉浸性	0.771	0.057	17.935	***
XB5←—互动性	0.788			
XB4←—互动性	0.805	0.047	19.884	***
XB3←—互动性	0.829	0.047	20.629	***
XB2←—互动性	0.790	0.044	19.421	***
XB1←—互动性	0.814	0.049	20.158	***
XC5←—智能性	0.742			
XC4←—智能性	0.752	0.063	16.535	***
XC3←—智能性	0.757	0.066	16.658	***
XC2←—智能性	0.728	0.060	15.991	***
XC1←—智能性	0.762	0.058	16.752	***
XD5←—娱乐性	0.777			
XD4←—娱乐性	0.756	0.052	17.800	***
XD3←—娱乐性	0.796	0.055	18.890	***
XD2←—娱乐性	0.775	0.053	18.327	***
XD1←—娱乐性	0.788	0.051	18.679	***

注：$^{***}p<0.001$、$^{**}p<0.01$、$^{*}p<0.05$。

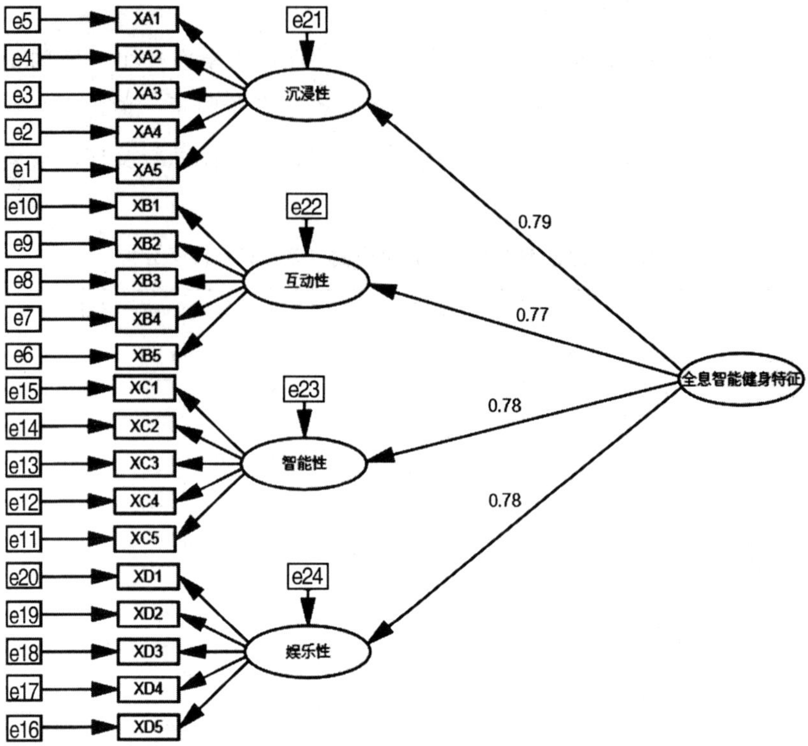

图 4.2　全息智能健身特征二阶验证性因子估计模型

表 4.12 和图 4.2 显示：一阶内因潜变量对二阶外因潜变量的因素负荷量范围为 0.75～0.86，全部介于 0.5 到 0.95 的范围内，说明模型的基本适配指标非常好。全息智能健身特征二阶验证性因子分析模型所有的路径系数均得到了检验，表明全息智能健身特征二阶因子与一阶因子间存在明显的相关性，全息智能健身特征是在 4 个一阶因子的相互影响下形成，证明全息智能健身特征确实可以由本研究提出的 4 个维度构成。同时可以看出，4 个一阶因子到全息智能健身特征二阶因子的路径系数存在差异，由大到小依次为互动性、娱乐性、智能性、沉浸性，说明沉浸性和智能性是全息智能健身显著的特征。

表 4.13　全息智能健身特征二阶验证性因子分析的整体模型适配度检验

拟合指数	指数值	说明
df	166	自由度
χ^2	228.334	卡方
χ^2/df	1.376	卡方自由度比，$\chi^2/df \leqslant 3$ 表明模型拟合得好
RMSEA	0.027	近似误差均方根，RMSEA 取值为（0.05，0.08）说明模型拟合较好，RMSEA 取值低于 0.05 说明模型拟合得非常好
SRMR	0.027	标准化均方根误差，SRMR＜0.05 表明模型拟合得好
CFI	0.989	比较拟合指标，CFI＞0.9 表明模型拟合得好
NNFI（TLI）	0.988	不规范拟合指数，NNFI＞0.9 表明模型拟合得好

整体模型的适配度检验见表 4.13，绝对适配度指标 RMSEA＝0.027＜0.08，增值适配度指标（TLI＝0.988，CFI＝0.989）都超过了 0.9 的标准；近似误差均方根 RMSEA＝0.027，标准化均方根误差 SRMR＝0.027，都小于 0.05；卡方自由度比 $\chi^2/df=1.376<3$。各项指标均在适配的临界值范围，数据拟合度良好。各测量指标在潜变量上的标准载荷在 0.7 以上，因此模型的结构效度良好。

2. 沉浸体验量表分析

（1）KMO 测度值和 Bartlett 球形度

在进行因子分析时，对沉浸体验量表是否合适进行检验，KMO 测度值、Bartlett 球形度是两大检验指标。如表 4.14 所示，KMO 检验值为 0.945，符合 Kaiser 给出的 KMO 度量标准，Bartlett 球形度检验近似卡方取值为 5 515.435，显著性水平 0.001，说明该量表可以进行因子分析。

表 4.14　沉浸体验量表 KOM 和 Bartlett 球形度检验

取样足够度的 KMO 度量	0.945	
Bartlett 球形度检验	近似卡方	5 515.435
	自由度（df）	190
	显著性（Sig）	0.000

(2) 沉浸体验结构维度的一阶验证性因子分析

对沉浸体验量表进行探索性因子分析，可以看出，量表包括清晰的目标、即时的反馈、挑战与技术平衡、活动和意识融为一体、潜在的控制感 5 个分量表，分别包含 4 个题项。在此基础上，做进一步的验证性因素分析。如表 4.15 所示，沉浸体验量表的 df = 160，χ^2 = 166.745，χ^2/df = 1.042，RMSEA 拟合指数为 0.009，SRMR 拟合指数为 0.21，CFI 拟合指数为 0.999，TLI 拟合指数为 0.999，所有的评价指标都在要求范围之内，表明沉浸体验量表的拟合度很好。验证结果表明，沉浸体验 5 个维度的测量是有效的。

表 4.15　沉浸体验结构维度一阶验证性因子分析拟合指数

拟合指数	指数值	说明
df	160	自由度
χ^2	166.745	卡方
χ^2/df	1.042	卡方自由度比
RMSEA	0.009	近似误差均方根，RMSEA 取值为（0.05，0.08）说明模型拟合得较好，RMSEA 低于 0.05 说明模型拟合得非常好
SRMR	0.21	标准化均方根误差，SRMR<0.05 表明模型拟合得好
CFI	0.999	比较拟合指标，CFI>0.9 表明模型拟合得好
NNFI（TLI）	0.999	不规范拟合指数，NNFI>0.9 表明模型拟合得好

如表 4.16 所示，沉浸体验量表验证性因子分析各题项的因子载荷均为 0.714～0.826，标准值为 0.5，满足要求，所有因子显著性检验都已达标（$p<0.001$），各构念的 AVE 为 0.537 8～0.636 8，标准取值为 0.5，相关取值要求已经得到了满足。各构念的 CR 为 0.823 1～0.875 2，满足 CR 大于 0.7 的要求，说明沉浸体验量表的所有题项收敛效度和区别效度均符合要求。

表 4.16 沉浸体验结构聚合效度分析

维度	题项	标准因子载荷（R）	标准因子载荷（p）	AVE	CR
清晰的目标	M1A1	0.794	***	0.596 7	0.855 4
	M1A2	0.767	***		
	M1A3	0.782	***		
	M1A4	0.746	***		
即时的反馈	M1B1	0.730	***	0.537 8	0.823 1
	M1B2	0.748	***		
	M1B3	0.714	***		
	M1B4	0.741	***		
挑战与技术平衡	M1C1	0.802	***	0.636 8	0.875 2
	M1C2	0.797	***		
	M1C3	0.799	***		
	M1C4	0.794	***		
活动和意识融为一体	M1D1	0.726	***	0.558 6	0.835 0
	M1D2	0.768	***		
	M1D3	0.753	***		
	M1D4	0.742	***		
潜在的控制感	M1E1	0.780	***	0.625 7	0.869 8
	M1E2	0.775	***		
	M1E3	0.782	***		
	M1E4	0.826	***		

注：*** $p<0.001$、** $p<0.01$、* $p<0.05$。

表 4.17 区分效度：Pearson 相关与 AVE 平方根值

	清晰的目标	即时的反馈	挑战与技术平衡	活动和意识融为一体	潜在的控制感
清晰的目标	0.772				
即时的反馈	0.524	0.733			
挑战与技术平衡	0.550	0.535	0.798		
活动和意识融为一体	0.551	0.561	0.528	0.747	
潜在的控制感	0.538	0.525	0.551	0.544	0.791

因子的平均提取方差值（AVE）的算术平方根均大于其与其他因子的相关系数（见表 4.17），表明该量表具有良好的区分效度。综上，量表各个维度既相关又互相独立，且各个维度都能充分体现该量表要测量的内容。

表 4.18 沉浸体验量表一阶验证性因子分析

	标准化路径系数	标准误	临界比值	p 值
M1A4 ←—目标	0.746			
M1A3 ←—目标	0.782	0.066	17.199	***
M1A2 ←—目标	0.767	0.063	16.877	***
M1A1 ←—目标	0.794	0.066	17.444	***
M1B4 ←—反馈	0.741			
M1B3 ←—反馈	0.714	0.069	15.156	***
M1B2 ←—反馈	0.748	0.063	15.823	***
M1B1 ←—反馈	0.730	0.064	15.469	***
M1C4 ←—挑战	0.794			
M1C3 ←—挑战	0.799	0.051	19.338	***
M1C2 ←—挑战	0.797	0.053	19.274	***
M1C1 ←—挑战	0.802	0.054	19.399	***
M1D4 ←—意识	0.742			
M1D3 ←—意识	0.753	0.067	16.187	***
M1D2 ←—意识	0.768	0.066	16.494	***
M1D1 ←—意识	0.726	0.062	15.624	***
M1E4 ←—控制	0.826			
M1E3 ←—控制	0.782	0.048	19.592	***
M1E2 ←—控制	0.775	0.055	19.362	***
M1E1 ←—控制	0.780	0.050	19.536	***

注：*** $p<0.001$、** $p<0.01$、* $p<0.05$。

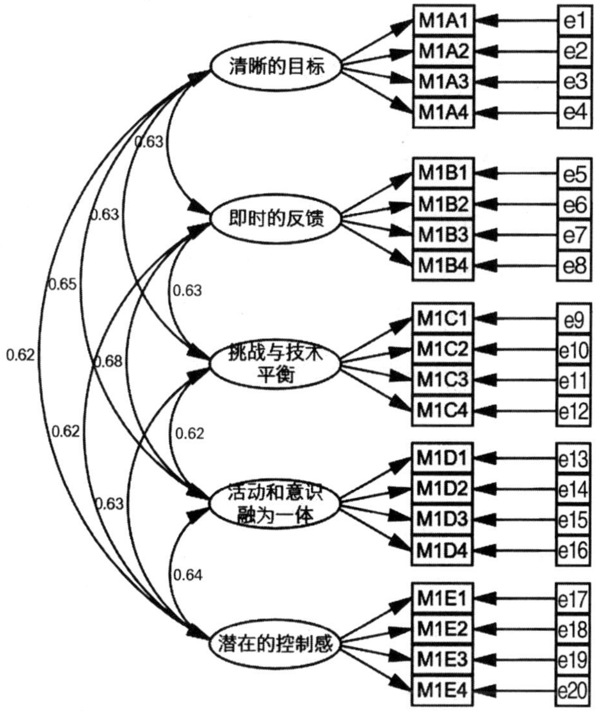

图 4.3 沉浸体验一阶验证性因子测量模型

表 4.19 沉浸体验潜变量之间的协方差估计

	协方差估计值	标准误	临界比值	p 值
挑战←→反馈	0.314	0.033	9.475	***
挑战←→控制	0.309	0.033	9.417	***
控制←→意识	0.347	0.036	9.722	***
反馈←→控制	0.313	0.033	9.565	***
挑战←→意识	0.369	0.037	9.978	***
反馈←→意识	0.336	0.035	9.464	***
反馈←→目标	0.296	0.032	9.206	***
挑战←→目标	0.324	0.034	9.654	***
控制←→目标	0.308	0.033	9.467	***
意识←→目标	0.346	0.036	9.651	***

注：*** $p<0.001$、** $p<0.01$、* $p<0.05$。

从图 4.3 和表 4.19 可以发现，沉浸体验 5 个潜变量间的协方差估计值显著异于 0，说明沉浸体验 5 个潜变量之间具有明显的共变关系，即具有显著相关性。5 个潜变量的相关系数均不小（0.62～0.68），提示该模型可能具有更高层次的因子结构。因此，这 5 个初阶因子可以归于另一个更高阶因子，必须使用二阶验证性因子分析进行验证。

（3）沉浸体验结构维度二阶验证性因子分析

以清晰的目标、即时的反馈、挑战与技术平衡、活动与意识融为一体、潜在的控制感 5 个一阶因子为内因潜变量，以沉浸体验为外因潜变量的高阶因子，构建沉浸体验二阶因子结构模型。使用 AMOS 23.0 软件进行验证，结果如表 4.20 和图 4.4 所示。

表 4.20　沉浸体验测量的二阶验证性因子分析

	标准路径系数	标准误	临界比值	p
目标←—沉浸体验	0.796			
反馈←—沉浸体验	0.802	0.070	12.061	***
挑战←—沉浸体验	0.784	0.074	12.761	***
意识←—沉浸体验	0.817	0.069	12.205	***
控制←—沉浸体验	0.784	0.076	12.555	***
M1A1←—目标	0.794			
M1A2←—目标	0.767	0.051	18.027	***
M1A3←—目标	0.783	0.053	18.433	***
M1A4←—目标	0.745	0.050	17.424	***
M1B1←—反馈	0.729			
M1B2←—反馈	0.747	0.064	15.570	***
M1B3←—反馈	0.715	0.070	14.948	***
M1B4←—反馈	0.742	0.065	15.468	***
M1C1←—挑战	0.802			
M1C2←—挑战	0.797	0.050	19.467	***
M1C3←—挑战	0.800	0.049	19.574	***
M1C4←—挑战	0.794	0.049	19.389	***

续表

	标准路径系数	标准误	临界比值	p
M1D1 ←— 意识	0.726			
M1D2 ←— 意识	0.767	0.069	16.120	***
M1D3 ←— 意识	0.753	0.070	15.849	***
M1D4 ←— 意识	0.742	0.066	15.626	***
M1E1 ←— 控制	0.781			
M1E2 ←— 控制	0.775	0.060	18.199	***
M1E3 ←— 控制	0.782	0.053	18.391	***
M1E4 ←— 控制	0.826	0.053	19.539	***

注：$^{***}p<0.001$、$^{**}p<0.01$、$^{*}p<0.05$。

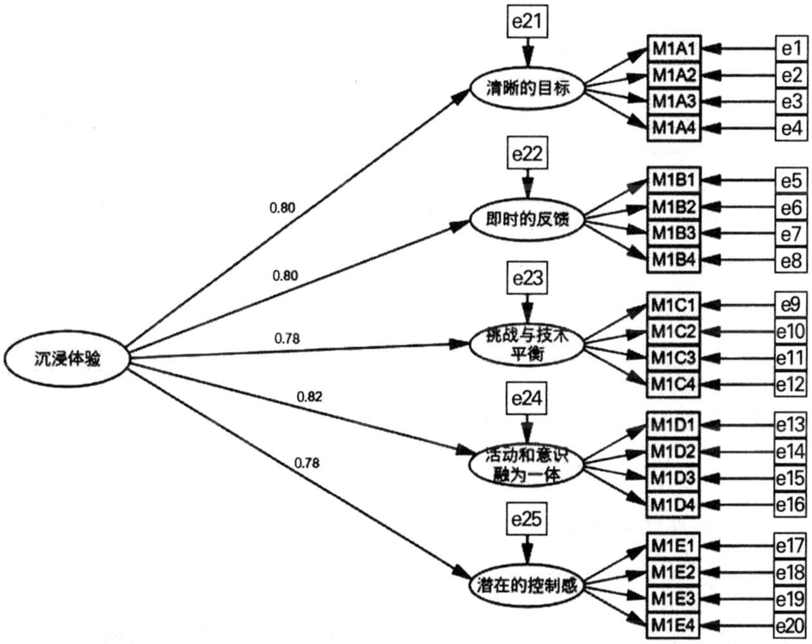

图 4.4　沉浸体验二阶验证性因子估计模型

表 4.20 和图 4.4 显示，一阶内因潜变量对二阶外因潜变量的因素负荷量范围为 0.715～0.817，全部介于 0.5 到 0.95 范围内，说明模型的基本适配指标非常好。沉浸体验二阶验证性因子分析模型所有的路径系数均得到了检验，

表明沉浸体验二阶因子与一阶因子间存在明显的相关性，沉浸体验是在5个一阶因子相互影响下形成，证明沉浸体验确实可以由本研究提出的5个维度构成。同时，可以看出，5个一阶因子到沉浸体验二阶因子的路径系数存在差异，由大到小依次为活动和意识融为一体、挑战与技术平衡、清晰的目标，即时的反馈、潜在的控制感。

表 4.21 沉浸体验二阶验证性因子分析的整体模型适配度检验

拟合指数	指数值	说明
df	165	自由度
χ^2	169.758	卡方
χ^2/df	1.029	卡方自由度比，χ^2/df≤3 表明模型拟合得好
RMSEA	0.007	近似误差均方根，RMSEA 取值为（0.05，0.08）说明模型拟合较好，RMSEA 低于 0.05 说明模型拟合得非常好
SRMR	0.022	标准化均方根误差，SRMR＜0.05 表明模型拟合得好
CFI	0.999	比较拟合指标，CFI＞0.9 表明模型拟合得好
NNFI（TLI）	0.999	不规范拟合指数，NNFI＞0.9 表明模型拟合得好

在整体模型适配度检验方面，绝对适配度指标 RMSEA＝0.007＜0.08，增值适配度指标（TLI＝0.999，CFI＝0.999），都超过了0.9的标准；近似误差均方根 RMSEA＝0.007，标准化均方根 SRMR＝0.022，都小于0.05；卡方自由度比 χ/df＝1.029＜3。各项指标均在适配的临界值范围，数据拟合度良好。各测量指标在潜变量上的标准载荷在0.70以上，因此模型的结构效度良好。

3. 消费意愿量表分析

（1）消费意愿量表 KOM 测度值和 Bartlett 球形度

进行相关因子分析，对消费意愿量表的使用是否合适进行检验，将 KMO 测度值、Bartlett 球形度作为检验指标。表4.22列出了相关数据，可以看出，KMO 测度值为0.853，符合 Kaiser 给出的 KMO 度量标准，Bartlett 球形度检验近似卡方取值为1 149.084，显著性水平取值0.001，说明该量表可以进行因子分析。

表 4.22　消费意愿量表 KOM 和 Bartlett 球形度检验

取样足够度的 KMO 度量	0.853	
Bartlett 球形度检验	近似卡方	1 149.084
	自由度（df）	10
	显著性（Sig）	＜0.000

（2）消费意愿量表验证性因子分析

如表 4.23 所示，消费意愿量表的验证性因子分析表明，RMSEA 拟合指数刚好达到可接受水平 0.10；RMSEA 为一种不需要基准线模型的绝对性指标，其值愈小，表示模型的适配度愈佳。一般而言，RMSEA 数值在 0.10 以上时，表明模型的适配度欠佳；数值为 0.08～0.10，表明模型尚可，具有普通适配；数值为 0.05～0.08，表明模型良好，即有合理适配；如果数值小于 0.05，表示模型适配度非常好（Browne et al.，1993）。MacCallum 等（1996）则提出 RMSEA 的分割点，认为 RMSEA 值为 0.08～0.10 时，模型是普通适配，RMSEA 值超过 0.10 时，模型呈现不良适配。$\chi^2/df=6.245$，高于理想值 3，但由于 χ^2/df 的值对样本数量极其敏感，样本数量的增加会带来较大变动。卡方自由度比使用卡方值作为分子，因此该指标仍然受到样本大小的影响，卡方自由度也无法更正过多的统计检验力问题（黄芳铭，2004）。综上所述，本研究消费意愿量表的卡方自由度比和 RMSEA 拟合指数尚可接受。SRMR 拟合指数为 0.025，CFI 拟合指数为 0.977，TLI 拟合指数为 0.954，均在要求范围之内，表明消费意愿量表的拟合度较好。

表 4.23　消费意愿量表正式验证性因子分析拟合指数

拟合指数	指数值	说明
df	5	自由度
χ^2	31.226	卡方
χ^2/df	6.245	卡方自由度比，$\chi^2/df\leqslant 3$ 表明模型拟合得好
RMSEA	0.10	近似误差均方根，RMSEA 取值为（0.05，0.08）说明模型拟合得较好，RMSEA 取值低于 0.05 说明模型拟合得非常好

续表

拟合指数	指数值	说明
SRMR	0.025	标准化均方根误差，SRMR＜0.05 表明模型拟合得好
CFI	0.977	比较拟合指标，CFI＞0.9 表明模型拟合得好
NNFI（TLI）	0.954	不规范拟合指数，NNFI＞0.9 表明模型拟合得好

如表 4.24 所示，消费意愿量表验证性因子分析各题项的因子载荷均为 0.714～0.772，而因子载荷标准取值为 0.5，实际要求得到满足，所有因子显著性检验都已达标（$p<0.001$），说明消费意愿量表的所有题项均符合要求。

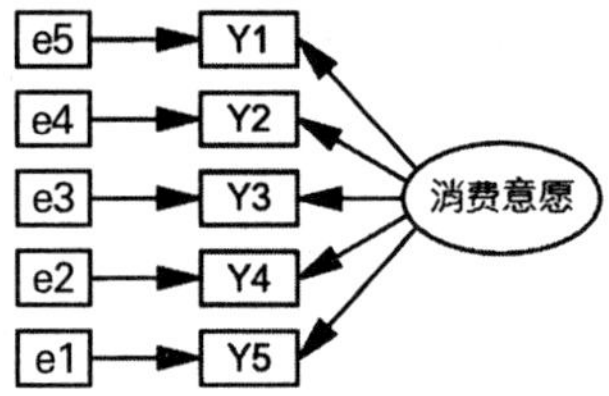

图 4.5　消费意愿量表正式验证性因子测量模型

表 4.24　消费意愿量表的聚合效度

维度	题项	标准因子载荷（R）	标准因子载荷（p）	AVE	CR
消费者意愿	Y1	0.744	***	0.563 9	0.865 9
	Y2	0.772	***		
	Y3	0.752	***		
	Y4	0.771	***		
	Y5	0.714	***		

注：*** $p<0.001$、** $p<0.01$、* $p<0.05$。

4. 体验价值量表分析

（1）体验价值量表 KOM 测度值和 Bartlett 球形度

进行相关因子分析，对体验价值量表的使用是否合适进行检验时，用 KMO 测度值和 Bartlett 球形度作为检验指标。从表 4.25 可以看出，KMO 测度值为 0.950，符合 Kaiser 给出的 KMO 度量标准，Bartlett 球形度检验近似卡方取值为 5 677.512，显著性水平取值 0.001，说明该量表可以进行因子分析。

表 4.25　体验价值量表 KOM 和 Bartlett 球形度

取样足够度的 KMO 度量	0.950	
Bartlett 球形度检验	近似卡方	5 677.512
	自由度	190
	显著性	0.000

(2) 体验价值结构维度一阶验证性因子分析

对体验价值量表进行探索性因子分析，可以看出，量表包括报酬价值、社会价值、功能价值、享乐价值 4 个分量表，分别包含 5 个题项。在此基础上，做验证性因子分析，表 4.26 列出了所得结果。体验价值量表的 df=164，$\chi^2=174.354$，$\chi^2/df=1.063$，RMSEA 拟合指数为 0.011，SRMR 拟合指数为 0.23，CFI 和 TLI 拟合指数分别为 0.998 和 0.998，所有的评价指标都在要求范围之内，表明体验价值量表拟合度很好。

表 4.26　体验价值量表一阶验证性因子分析拟合指数

拟合指数	指数值	说明
df	164	自由度
χ^2	174.354	卡方
χ^2/df	1.063	卡方自由度比，$\chi^2/df \leqslant 3$ 表明模型拟合得好
RMSEA	0.011	近似误差均方根，RMSEA 取值为（0.05，0.08）说明模型拟合得较好，RMSEA 取值低于 0.05 说明模型拟合得非常好
SRMR	0.23	标准化均方根误差，SRMR<0.05 表明模型拟合得好
CFI	0.998	比较拟合指标，CFI>0.9 表明模型拟合得好
NNFI（TLI）	0.998	不规范拟合指数，NNFI>0.9 表明模型拟合得好

如表 4.27 所示，验证性因子分析各题项的因子载荷均为 0.710～0.813，而因子载荷标准取值为 0.5，实际要求得到满足，所有因子显著性检验都已达标（$p<0.001$）；AVE 为 0.547 3～0.626 8，AVE 取值均超出 0.5，达到了

标准要求。CR 为 0.858 0～0.893 6，满足 CR 大于 0.7 的要求。

表 4.27 体验价值量表的聚合效度

维度	题项	标准因子载荷（R）	标准因子载荷（p）	AVE	CR
报酬价值	M2A1	0.745	***	0.567 0	0.867 4
	M2A2	0.753	***		
	M2A3	0.792	***		
	M2A4	0.719	***		
	M2A5	0.754	***		
社会价值	M2B1	0.710	***	0.547 3	0.858 0
	M2B2	0.736	***		
	M2B3	0.755	***		
	M2B4	0.735	***		
	M2B5	0.762	***		
功能价值	M2C1	0.785	***	0.626 8	0.893 6
	M2C2	0.787	***		
	M2C3	0.794	***		
	M2C4	0.779	***		
	M2C5	0.813	***		
享乐价值	M2D1	0.746	***	0.589 7	0.877 7
	M2D2	0.774	***		
	M2D3	0.782	***		
	M2D4	0.740	***		
	M2D5	0.796	***		

注：*** $p<0.001$、** $p<0.01$、* $p<0.05$。

表 4.28 区分效度：Pearson 相关与 AVE 平方根值

	报酬价值	社会价值	功能价值	享乐价值
报酬价值	0.753			
社会价值	0.552	0.740		
功能价值	0.541	0.557	0.792	
享乐价值	0.553	0.539	0.555	0.768

因子的平均提取方差值（AVE）的算术平方根均大于其与其他因子的相关系数（见表 4.28），表明该量表具有良好的区分效度。综上，量表各个维度既相关又互相独立，且各个维度都能充分体现该量表要测量的内容。

表 4.29　体验价值一阶验证性因子分析

	标准化路径系数	标准误	临界比值	p 值
M2A5 ←—报酬价值	0.754			
M2A4 ←—报酬价值	0.719	0.057	16.136	***
M2A3 ←—报酬价值	0.792	0.058	17.848	***
M2A2 ←—报酬价值	0.753	0.061	16.943	***
M2A1 ←—报酬价值	0.745	0.062	16.745	***
M2B5 ←—社会价值	0.762			
M2B4 ←—社会价值	0.735	0.063	16.508	***
M2B3 ←—社会价值	0.755	0.059	16.996	***
M2B2 ←—社会价值	0.736	0.061	16.536	***
M2B1 ←—社会价值	0.710	0.060	15.913	***
M2C5 ←—功能价值	0.813			
M2C4 ←—功能价值	0.779	0.050	19.635	***
M2C3 ←—功能价值	0.794	0.047	20.155	***
M2C2 ←—功能价值	0.787	0.047	19.896	***
M2C1 ←—功能价值	0.785	0.053	19.854	***
M2D5 ←—享乐价值	0.796			
M2D4 ←—享乐价值	0.740	0.043	17.735	***
M2D3 ←—享乐价值	0.782	0.045	18.943	***
M2D2 ←—享乐价值	0.774	0.046	18.724	***
M2D1 ←—享乐价值	0.746	0.045	17.917	***

注：*** $p<0.001$、** $p<0.01$、* $p<0.05$。

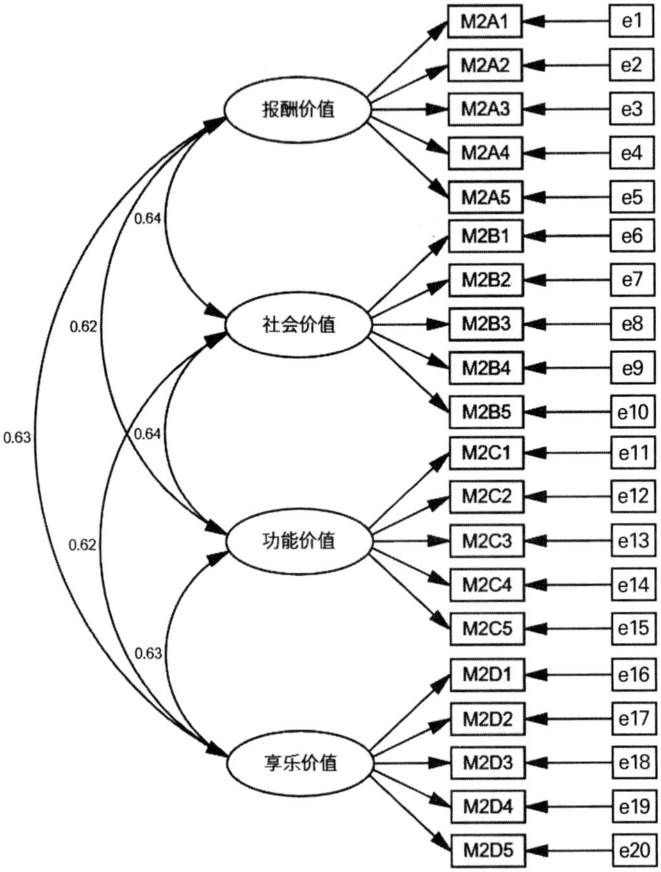

图 4.6　体验价值量表一阶验证性因子测量模型

表 4.30　体验价值潜变量之间的协方差估计

	协方差估计值	标准误	临界比值	p 值
报酬价值←→功能价值	0.332	0.034	9.622	***
功能价值←→社会价值	0.366	0.037	9.871	***
社会价值←→享乐价值	0.422	0.042	10.010	***
报酬价值←→社会价值	0.350	0.036	9.712	***
功能价值←→享乐价值	0.381	0.040	9.631	***
报酬价值←→享乐价值	0.382	0.039	9.742	***

从图 4.6 和表 4.30 发现，体验价值 4 个潜变量间的协方差估计值显著异于 0，说明体验价值 4 个潜变量之间具有明显的共变关系，即具有显著相关性，4 个潜变量的相关系数均不小（0.62～0.64），提示该模型可能具有更高层次的因子结构。因此，这 4 个初阶因子可以归于另一个更高阶因子，必须使用二阶验证性因子分析进行验证。

（3）体验价值结构维度二阶验证性因子分析

依据前面分析，以报酬价值、社会价值、功能价值、享乐价值 4 个一阶因子为内因潜变量，以体验价值为外因潜变量的高阶因子，构建体验价值二阶因子结构方程模型。使用 AMOS 23.0 软件进行验证，结果如表 4.31 和图 4.7 所示。

表 4.31　体验价值的二阶验证性因子分析

	标准化路径数	标准误	临界比值	p
报酬价值←—体验价值	0.797			
社会价值←—体验价值	0.800	0.083	11.353	***
功能价值←—体验价值	0.789	0.093	11.998	***
享乐价值←—体验价值	0.789	0.079	11.656	***
M2A1←—报酬价值	0.744			
M2A2←—报酬价值	0.753	0.060	16.711	***
M2A3←—报酬价值	0.792	0.057	17.591	***
M2A4←—报酬价值	0.719	0.056	15.937	***
M2A5←—报酬价值	0.754	0.058	16.730	***
M2B1←—社会价值	0.709			
M2B2←—社会价值	0.736	0.069	15.406	***
M2B3←—社会价值	0.755	0.067	15.780	***
M2B4←—社会价值	0.734	0.071	15.378	***
M2B5←—社会价值	0.762	0.066	15.902	***
M2C1←—功能价值	0.785			
M2C2←—功能价值	0.786	0.047	19.083	***
M2C3←—功能价值	0.795	0.047	19.326	***

续表

	标准化路径数	标准误	临界比值	p
M2C4 ←— 功能价值	0.779	0.050	18.856	***
M2C5 ←— 功能价值	0.813	0.048	19.851	***
M2D1 ←— 享乐价值	0.747			
M2D2 ←— 享乐价值	0.774	0.060	17.413	***
M2D3 ←— 享乐价值	0.782	0.060	17.590	***
M2D4 ←— 享乐价值	0.740	0.057	16.607	***
M2D5 ←— 享乐价值	0.796	0.069	17.921	***

注：*** $p<0.001$、** $p<0.01$、* $p<0.05$。

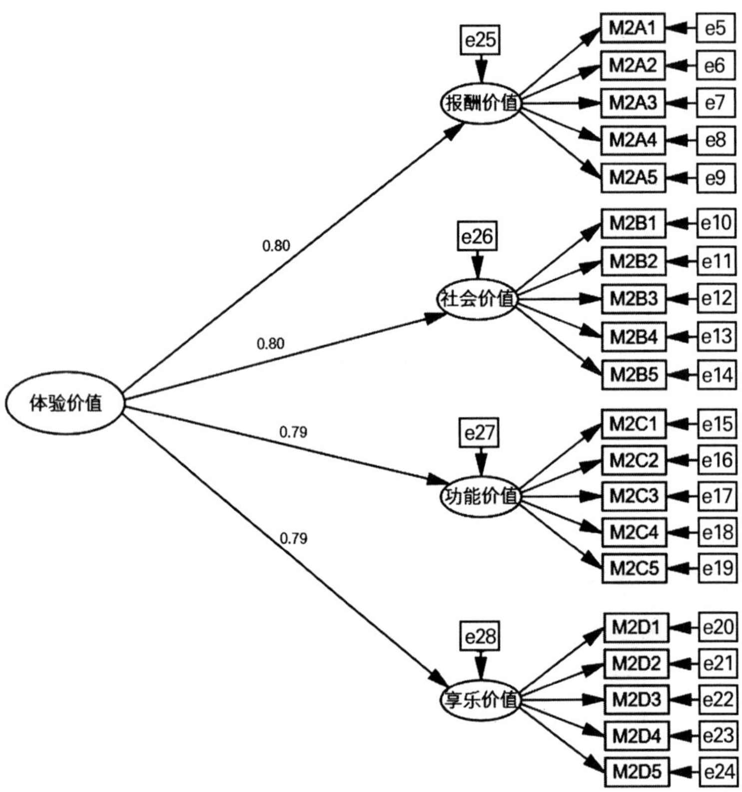

图 4.7　体验价值二阶验证性因子估计模型

表 4.31 和图 4.7 显示，一阶内因潜变量对二阶外因潜变量的因素负荷量

范围为 0.709～0.813，全部介于 0.5 到 0.95 范围内，说明模型的基本适配指标非常好。体验价值二阶验证性因子分析模型所有的路径系数均得到了检验，表明体验价值二阶因子与一阶因子间存在明显的相关性，体验价值是在 4 个一阶因子相互影响下形成，证明体验价值确实可以由研究提出的 4 个维度构成。同时，可以看出，4 个一阶因子到体验价值二阶因子的路径系数存在差异，由大到小依次为娱乐价值、社会价值、报酬价值、功能价值。

表 4.32　体验价值二阶验证性因子分析的整体模型适配度检验

拟合指数	指数值	说明
df	166	自由度
χ^2	174.928	卡方
χ^2/df	1.054	卡方自由度比，χ^2/df≤3 表明模型拟合得好
RMSEA	0.010	近似误差均方根，RMSEA 取值为（0.05，0.08）说明模型拟合得较好，RMSEA 取值低于 0.05 说明模型拟合得非常好
SRMR	0.023	标准化均方根误差，SRMR＜0.05 表明模型拟合得好
CFI	0.998	比较拟合指标，CFI＞0.9 表明模型拟合得好
NNFI（TLI）	0.998	不规范拟合指数，NNFI＞0.9 表明模型拟合得好

在整体模型适配度检验方面，绝对适配度指标 RMSEA＝0.010＜0.08，增值适配度指标（TLI＝0.998，CFI＝0.998），都超过了 0.9 的标准；近似误差均方根 RMSEA＝0.010，标准化均方根 SRMR＝0.023，都小于 0.05；卡方自由度比 χ/df＝1.054＜3。各项指标均在适配的临界值范围，数据拟合度良好。各测量指标在潜变量上的标准载荷在 0.70 以上，因此模型的结构效度良好。

4.5　共同方法偏差检验

本研究所需的各个变量的数据均由同一批被试者填写，所有量表填写都采取被试者自我陈述的方式进行，可以通过过程控制和统计控制对共同方法偏差问题进行控制（熊红星 等，2012）。

过程控制即事前控制，指在问卷填写过程中，针对数据来源、被测对象、测量的时间与地点等进行严格控制，确保获得的数据真实有效。本研究采取的过程控制主要有：第一，在问卷设计时把题项顺序打乱，采用网络问卷和纸本问卷相结合的方式回收问卷；第二，在问卷首页的说明部分标注“本调研仅作为学术研究之用，答案无对错之分，严格保密”等作答信息，以在一定程度上降低被试者的心理疑虑，减少干扰。现场发放问卷时，再次向被试者重申本次调研的匿名性，告知被试者本研究将对调查结果完全保密，以减少被试者的填答顾虑，被试者可以针对填答时遇到的问题随时向问卷发放人员进行提问和咨询。

统计控制即事后控制，包括 Harman 单因素检验、偏相关法和潜在误差变量控制法等。在以上方法中，广泛采用的是 Harman 单因素检验方法，本研究也采用 Harman 单因素检验方法。Harman 单因素检验方法的检验程序为：将所有变量放到一个探索性因素分析中，检验未旋转的因素分析结果，考察特征值大于 1 的因子数以及第一因子的累计百分比，当百分比小于 40% 的临界值时，可以判断共同方法偏差程度较小。

如表 4.33 所示，本研究采用 Harman 单因素检验方法中的探索性因素分析进行共同方法偏差检验，将所有变量的题项放入同一模型中进行探索性因子分析，所有测量题项的单因子检验结果共提取 14 个特征值大于 1 的因子，共同解释了 68.863% 的变异量。最大因子解释变异量为 24.509%，小于 40% 的临界标准，表明本研究所涉及的变量题项之间不存在明显的共同方法偏差，可以进行后续的实证分析。

表 4.33　共同方法偏差检验

初始特征值				提取载荷平方和		
成分	总计	方差百分比/%	累积百分比/%	总计	方差百分比/%	累积百分比/%
1	15.931	24.509	24.509	15.931	24.509	24.509
2	6.516	10.024	34.534	6.516	10.024	34.534
3	5.292	8.142	42.676	5.292	8.142	42.676
4	2.261	3.478	46.154	2.261	3.478	46.154

续表

初始特征值				提取载荷平方和		
成分	总计	方差百分比/%	累积百分比/%	总计	方差百分比/%	累积百分比/%
5	1.853	2.850	49.004	1.853	2.850	49.004
6	1.753	2.696	51.700	1.753	2.696	51.700
7	1.651	2.540	54.240	1.651	2.540	54.240
8	1.595	2.454	56.694	1.595	2.454	56.694
9	1.508	2.320	59.014	1.508	2.320	59.014
10	1.399	2.153	61.167	1.399	2.153	61.167
11	1.345	2.069	63.236	1.345	2.069	63.236
12	1.328	2.043	65.278	1.328	2.043	65.278
13	1.244	1.914	67.192	1.244	1.914	67.192
14	1.086	1.671	68.863	1.086	1.671	68.863

4.6 结构模型的评价及假设检验

4.6.1 相关性分析

使用皮尔逊分析法对各个变量之间的相关性开展初步检验，结果显示全息智能健身特征、沉浸体验、体验价值、消费意愿之间两两相关。

表 4.34 各变量相关性分析

变量	M	SD	1	2	3	4
全息智能健身特征	1.555 1	0.331 87	1			
沉浸体验	1.2116	0.29363	0.324**	1		
体验价值	1.4995	0.34002	0.201**	0.305**	1	
消费意愿	3.0758	0.76516	0.298**	0.364**	0.408**	1

注：*** $p<0.001$、** $p<0.01$、* $p<0.05$。

第一，全息智能健身特征与消费意愿（$\beta=0.298$，$p<0.01$）、沉浸体验（$\beta=0.324$，$p<0.01$）、体验价值（$\beta=0.201$，$p<0.01$）具有显著的正相关关系。

第二，沉浸体验与消费意愿（$\beta=0.364$，$p<0.01$）具有显著的正相关关系。

第三，体验价值与消费意愿（$\beta=0.408$，$p<0.01$）具有显著的正相关关系。

第四，沉浸体验与体验价值（$\beta=0.305$，$p<0.01$）具有显著的正相关关系。

4.6.2 模型参数估计及假设检验

本研究依据文献和研究结果建立了各个潜变量之间的回归关系，并通过验证性因子分析，构建起潜变量和测量指标两者的反应关系，并进行进一步证实。在此基础上，本部分将使用结构方程模型方法对潜变量的假设路径关系进行检验，并对理论模型的显著性和预测力进行判断。使用结构方程模型的过程中，如果需要观测的变量较多，模型复杂度则会很容易上升，增加运算难度。为了将测量模型进一步简化，在实际研究过程中，采用变量组合策略较多，也就是将潜变量看作是观察变量，在度量潜变量时，需要用到的是其测量题项得分的算术平均值，并将其看作一个观察变量（吴明隆 等，2013）。对于全息智能健身特征的 4 大构成变量、沉浸体验 5 大构成变量以及体验价值 4 大构成变量，在将其转换成观察变量时，所用到的都是该方法。稳定变量名，并用方形在模型图中将维度表示出来。本研究所构建的结构模型涉及的沉浸体验、体验价值等都属于内生潜变量。

使用软件来估计模型和主要参数时，使用较多的是极大似然法。下面是具体取值情况：$\chi^2=199.313$；$p<0.01$；$\chi^2/df=1.545$，介于 1 和 3 之间，达到理想适配程度。CFI 和 TLI 拟合指数分别为 0.982 和 0.979，标准值为 0.9，很明显是符合标准的，说明适配程度较好；GFI＝0.960，AGFI＝0.947，都大于 0.9；PGFI＝0.724，PNFI＝0.802，大于 0.5；RMSEA＝

0.032，低于0.05。所有的评价指标都在要求范围之内，表明模型的拟合度很好。

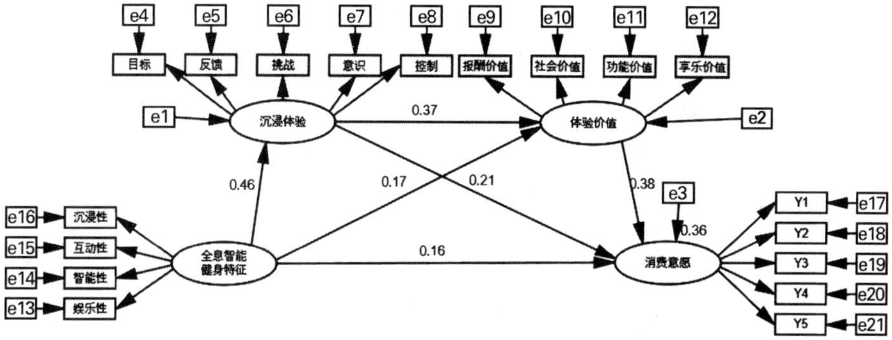

图4.8 全息智能健身对健身消费意愿影响的结构方程模型

表4.35 结构方程模型的拟合优度检验

统计检验量	χ^2	df	χ^2/df	RMSEA	TLI	CFI	PGFI	PNFI
适配标准			<3	<0.05	>0.9	>0.9	>0.5	>0.5
本模型	199.33	129	1.545	0.032	0.979	0.982	0.724	0.802

表4.36 结构方程模型的路径检验表

假设路径关系	非标路径系数	标准误差	*t* 值	*p* 值	标准化路径系数
消费意愿←—特征	0.202	0.066	3.070	0.002**	0.165
消费意愿←—特征	0.202	0.064	8.126	***	0.455
消费意愿←—沉浸性	0.118	0.067	1.706	0.078	0.131
消费意愿←—互动性	0.168	0.060	2.801	0.005**	0.198
消费意愿←—智能性	0.022	0.073	0.299	0.765	0.022
消费意愿←—娱乐性	0.067	0.066	1.027	0.304	0.074
沉浸体验←—特征	0.522	0.064	8.126	***	0.455
目标←—特征	1.952	0.223	8.770	***	0.796
反馈←—特征	1.598	0.189	8.443	***	0.770
挑战←—特征	1.776	0.205	8.671	***	0.751

续表

假设路径关系	非标路径系数	标准误差	t 值	p 值	标准化路径系数
控制←—特征	1.614	0.189	8.535	***	0.799
意识←—特征	1.813	0.210	8.635	***	0.761
消费意愿←—沉浸体验	0.221	0.060	3.675	***	0.206
消费意愿←—目标	0.095	0.076	1.251	0.211	0.098
消费意愿←—反馈	0.140	0.082	1.717	0.086	0.142
消费意愿←—挑战	0.004	0.069	0.059	0.958	0.004
消费意愿←—控制	0.065	0.083	0.785	0.432	0.066
消费意愿←—意识	0.154	0.063	2.577	0.010*	0.195
体验价值←—特征	0.711	0.061	2.918	0.004**	0.170
报酬价值←—特征	0.563	0.076	7.442	***	0.410
功能价值←—特征	0.489	0.072	6.826	***	0.378
社会价值←—特征	0.628	0.083	7.547	***	0.405
享乐价值←—特征	0.359	0.083	5.306	***	0.282
消费意愿←—体验价值	0.454	0.066	6.847	***	0.384
消费意愿←—报酬价值	0.132	0.067	1.982	0.048*	0.144
消费意愿←—功能价值	0.176	0.069	2.569	0.010*	0.190
消费意愿←—社会价值	0.111	0.059	1.877	0.061	0.131
消费意愿←—享乐价值	0.091	0.056	1.610	0.107	0.114
体验价值←—沉浸体验	0.332	0.054	6.111	***	0.365
报酬价值←—沉浸体验	0.572	0.064	8.917	***	0.479
功能价值←—沉浸体验	0.517	0.061	8.252	***	0.468
社会价值←—沉浸体验	0.531	0.069	7.727	***	0.399
享乐价值←—沉浸体验	0.450	0.058	7.800	***	0.412

注：*** $p<0.001$、** $p<0.01$、* $p<0.05$。

从模型的路径检验结果来看，所有研究假设得到了证实。全息智能健身特征对沉浸体验（$t=8.126$，$p<0.001$），沉浸体验对体验价值（$t=6.111$，$p<0.001$），全息智能健身特征对体验价值（$t=2.918$，$p=0.004$），体验价值对消费意愿（$t=6.847$，$p<0.001$），全息智能健身特征对消费意愿（$t=3.070$，$p=0.002$），沉浸体验对消费意愿（$t=3.675$，$p<0.001$），6 条路径的假设验证都是达标的。本研究对假设关系成立的检验标准为：显著性水平标准取值 0.05，如果路径关系取值超出标准值，则说明检验假设成立；如果路径关系未能达到标准取值 0.05，则检验假设通过是不成立的。

1. 全息智能健身特征与消费意愿

全息智能健身特征对消费意愿所带来的影响的结构方程模型拟合结果如图 4.9 所示。RMSEA 为近似误差均方根，取值 0.028，符合标准取值要求；比较拟合指数 CFI 取值 0.985，非标准化拟合指数 TLI 为 0.983，能够看出，CFI 和 TLI 取值超出 0.9，符合实际要求。拟合指标的结果表明，全息智能健身特征对消费意愿影响的结构方程模型总体拟合较好。

从图 4.9 来看，基于全息智能健身特征与消费意愿之间的标准化路径系数取值为 0.165，p 值小于 0.02，消费者消费意愿受全息智能健身特征的影响是正向的。其中的分特征除了 H1b 互动性给消费意愿带来正向影响得到支持以外，其余的 H1a 沉浸性正向影响消费意愿，H1c 智能性正向影响消费意愿，H1d 娱乐性正向影响消费意愿，未得到实证结果的验证。说明全息智能健身的每一个独立特征对消费意愿的影响效果并不明显，只有特征的综合作用才能显著影响健身者的消费意愿。也就是说，全息智能健身特征与消费意愿之间的总路径得到验证支持，3 条分路径没有得到验证支持。本研究假设 H1 全息智能健身特征正向影响消费意愿，最终得到实证结果的验证。

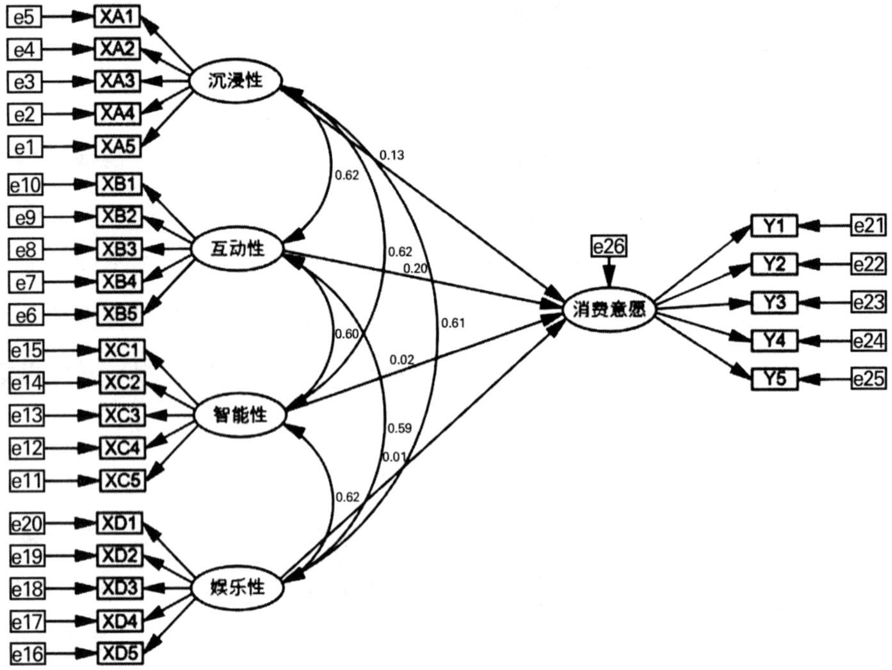

RMSEA＝0.028 Prob（＜＝0.05）＝0.0000　CFI＝0.985　TLI＝0.983

图 4.9　全息智能健身特征对消费意愿的影响模型

注：$^{***}p<0.001$、$^{**}p<0.01$、$^{*}p<0.05$。

2. 全息智能健身与沉浸体验

图 4.10 为全息智能健身特征对沉浸体验影响的结构方程模型拟合结果，RMSEA 为近似误差均方根，取值 0.062，符合标准取值；比较拟合指数 CFI 为 0.920，非标准化拟合指数 TLI 为 0.910，均已超出 0.9。拟合指标的结果表明，全息智能健身特征对沉浸体验影响的结构方程模型总体拟合较好。

从实证检验结果可知，全息智能健身特征与清晰的目标、即时的反馈、挑战与技术平衡、活动和意识融为一体、潜在的控制感之间的标准化路径系数分别为 1.952、1.598、1.776、1.614、1.813，p 小于 0.01，也就是说，全息智能健身特征给沉浸体验带来的是较为明显的正向影响，全息智能健身可以促进健身者沉浸体验感的产生。本研究假设 H2a 全息智能健身特征正向影响清晰的目标，H2b 全息智能健身特征正向影响即时的反馈，H2c 全息智能健身特征正向影响挑战与技术平衡，H2d 全息智能健身特征正向影响活动和意识融为一体，H2e 全息智能健身特征正向影响潜在的控制感均得到实证检验。本研究假设 H2 全息智能健身特征正向影响沉浸体验，得到实证结果的验证。

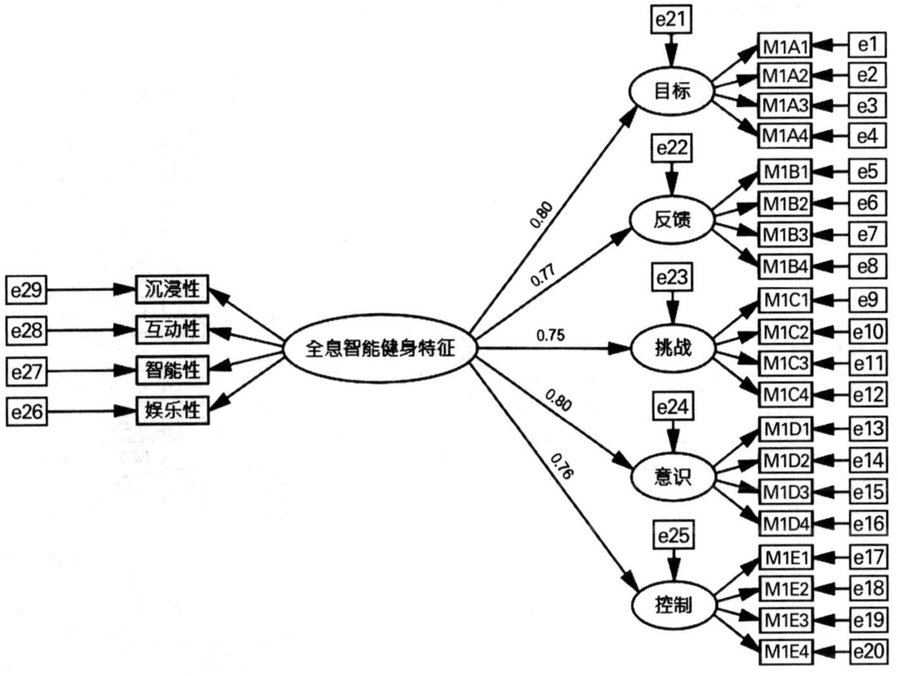

RMSEA=0.062 Prob（<=0.05）=0.0000 CFI=0.920 TLI=0.910

图 4.10 全息智能健身特征对沉浸体验影响模型

注：$^{***}p<0.001$、$^{**}p<0.01$、$^{*}p<0.05$。

3. 全息智能健身与体验价值

从图 4.11 实证检验结果可知，全息智能健身特征对顾客投资报酬、社会性价值、功能性价值、享乐性价值之间的标准化路径系数分别为 0.098、0.142、0.004、0.066、0.195，p 值小于 0.05，也就是说，全息智能健身特征给体验价值带来的是正向影响，而且较为明显，全息智能健身可以促进健身者体验价值的产生。本研究假设 H4a 全息智能健身特征正向影响顾客投资报酬，H4b 全息智能健身特征正向影响社会性价值，H4c 全息智能健身特征正向影响功能性价值，H4d 全息智能健身特征正向影响享乐性价值，均得到实证检验。本研究假设 H4 全息智能健身特征正向影响体验价值，得到实证结果的验证。标准取值为 0.9，均已达标。近似误差均方根 RMSEA 取值为 0.021，标准取值 0.08，很明显是符合要求的，模型拟合得非常好。

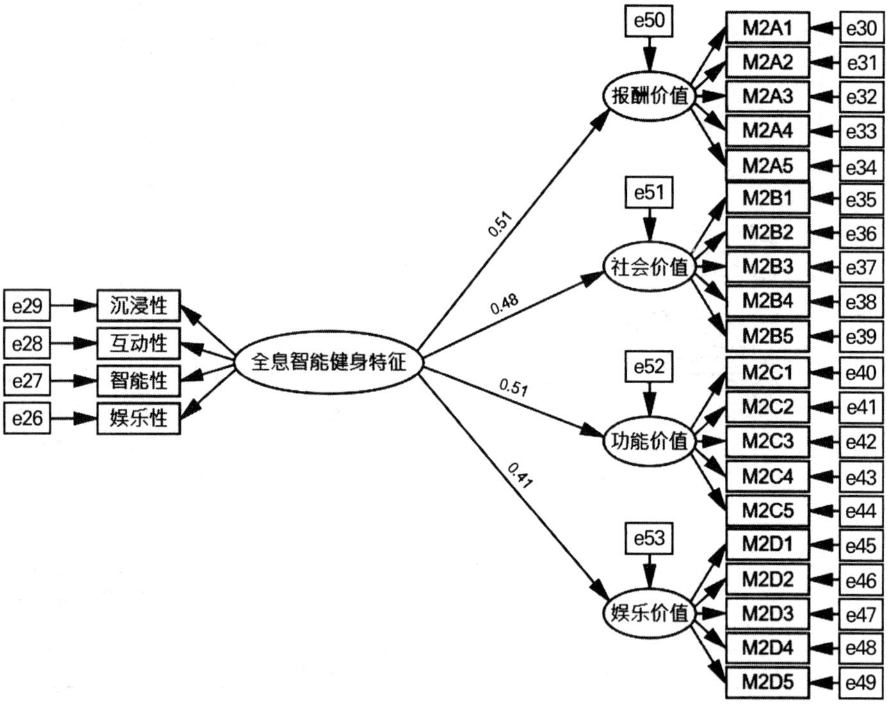

RMSEA＝0.069 Prob（＜＝0.05）＝0.0000　CFI＝0.903　TLI＝0.892

图 4.11　全息智能健身特征对体验价值影响模型

注：$^{***}p<0.001$、$^{**}p<0.01$、$^{*}p<0.05$。

4. 沉浸体验与消费意愿

图 4.12 为沉浸体验对消费意愿影响的结构方程模型拟合结果，比较拟合指数 CFI 取值 0.991，非标准化拟合指数 TLI 为 0.990，模型适配程度较好。

从实证检验结果可知，除了活动和意识融为一体，全息智能健身沉浸体验目标、反馈、挑战、控制与消费意愿之间的标准化路径系数分别为 0.098、

0.142、0.004、0.066，而 p 取值超出 0.05，也就是说，这些特征给消费意愿带来的正向影响并不是很明显，而总标准化路径系数取值 0.206，且 p 值小于 0.01，说明全息智能健身综合沉浸体验对消费意愿存在显著影响。但是，H3a 健身中清晰的目标正向影响消费意愿，H3b 健身中即时的反馈正向影响消费意愿，H3c 健身中挑战与技术平衡正向影响消费意愿，H3d 健身中活动和意识融为一体正向影响消费意愿，未得到实证结果的验证。说明全息智能健身沉浸体验中的每一个独立体验对消费意愿影响效果并不明显，只有综合体验作用才能显著影响健身者的消费意愿。因此，本研究假设 H3 全息智能健身沉浸体验正向影响消费意愿也得到了证实。

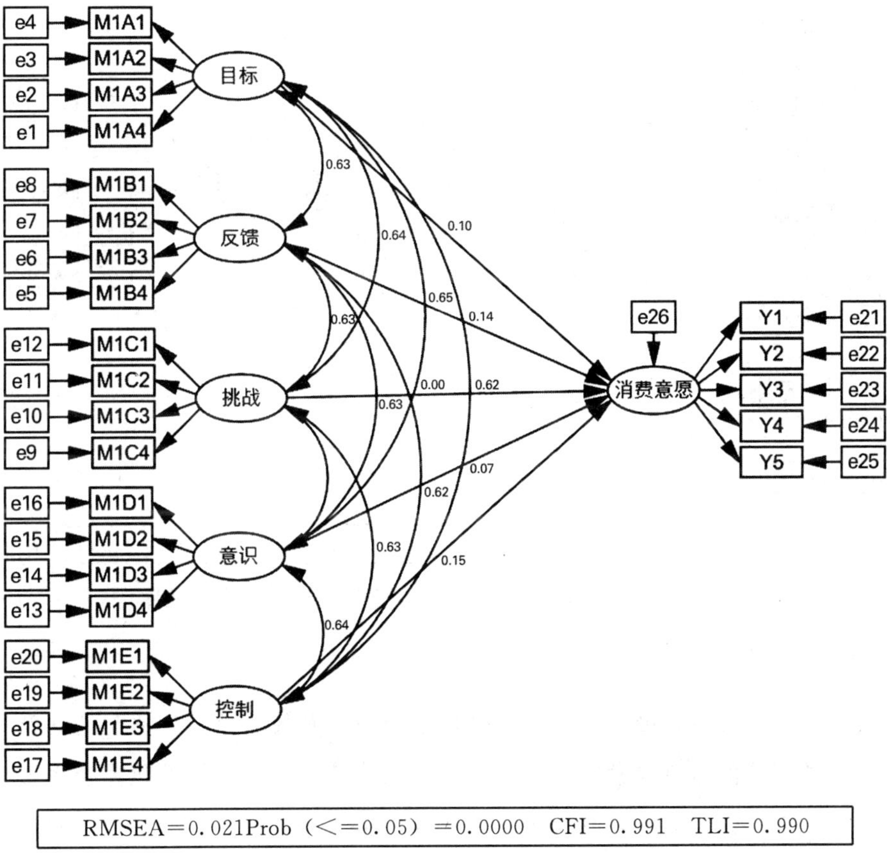

图 4.12　全息智能健身沉浸体验对消费意愿影响模型检验图

注：*** $p<0.001$、** $p<0.01$、* $p<0.05$。

5. 体验价值与消费意愿

图 4.13 为体验价值对消费意愿影响的结构方程模型拟合结果，近似误差均方根 RMSEA 取值 0.017，很明显是符合要求的；比较拟合指数 CFI 取值 0.994，TLI 为非标准化拟合指数，取值 0.993，标准值均为 0.9，很明显是符合要求的。拟合指标的结果表明，体验价值对消费意愿影响的结构方程模型总体拟合较好。

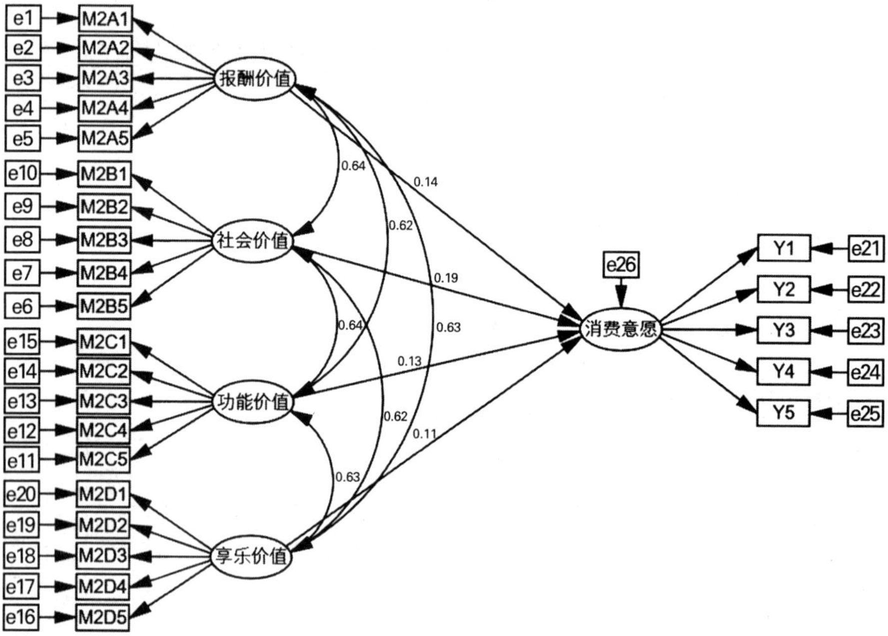

RMSEA=0.017 Prob（<=0.05）=0.0000　CFI=0.994　TLI=0.993

图 4.13　全息智能健身体验价值对消费意愿影响模型检验图

注：$^{***}p<0.001$、$^{**}p<0.01$、$^{*}p<0.05$。

从实证检验结果可知，除了报酬价值与消费意愿、社会价值与消费意愿以外，功能价值与消费意愿、享乐价值与消费意愿之间的标准化路径系数分别为 0.131、0.114，p 值均大于 0.05，未得到实证检验。体验价值与消费意愿之间的总路径标准化系数 0.384，p 值小于 0.05，说明体验价值对消费意愿的影响是显著的，可以通过促进健身者体验价值的产生以增进健身者的消费意愿。体验价值是顾客对产品或服务获得的利益收获与牺牲之间的权衡，这种权衡是多方位的，仅凭一个方面的权衡不足以对其消费意愿产生影响，必须多方面综合才能对消费意愿产生影响，此现象在本研究所得实证结果中得到了进一步验证。因此，本研究假设 H5 全息智能健身体验价值正向影响消费意愿，得到实证结果的验证。

6. 沉浸体验与体验价值

根据本研究模型的绝对适配度，可以得出指数 $\chi^2=705.57$；$p<0.01$；$\chi^2/df=2.613$，介于 1 和 3 之间，达到理想适配程度。CFI 和 TLI 拟合指数分

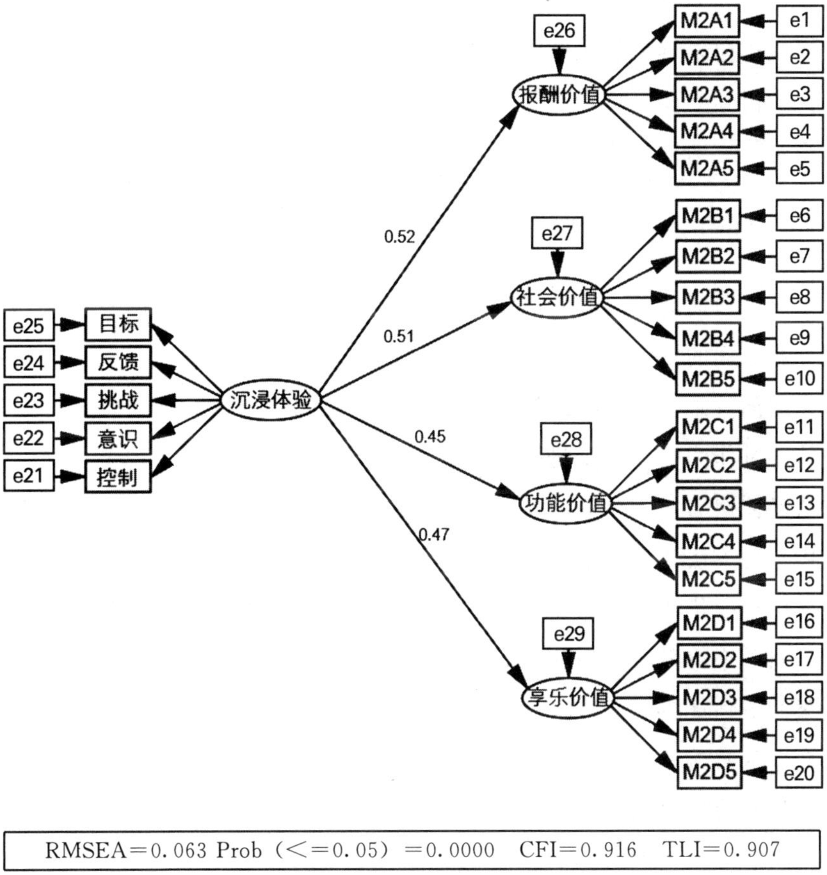

图 4.14　沉浸体验对体验价值影响模型图

注：$^{***}p<0.001$、$^{**}p<0.01$、$^{*}p<0.05$。

别为 0.935 和 0.928，两者标准取值为 0.9，很明显，适配度是比较好的；RMSEA 取值 0.05，符合标准取值要求。所有的评价指标都在要求范围之内，表明模型的拟合度很好。因此，结构方程模型在进行修正之后，相关指标适配度都会比较高，也就说明模型拟合度是比较好的。由图 4.13 实证检验结果可知，沉浸体验与报酬价值、社会价值、功能价值、享乐价值之间的标准化路径系数分别为 0.479、0.468、0.399、0.412，p 值较 0.01 要低，很明显，沉浸体验给体验价值带来正向影响，全息智能健身沉浸体验可以促进健身者体验价值的产生。本研究假设 H6a 全息智能健身沉浸体验正向影响顾客投资报酬，H6b 全息智能健身沉浸体验正向影响社会性价值，H6c 全息智能健身沉浸体验正向影响功能性价值，H6d 全息智能健身沉浸体验正向影响享乐性价值，均得到实证检验。本研究假设 H6 全息智能健身沉浸体验正向影响体验价值得到实证结果的验证。

4.6.3 中介作用分析检验

本研究验证前面提出的沉浸体验和体验价值是全息智能健身特征与消费意愿关系之间的中介变量的假设。在验证全息智能健身特征与健身者消费意愿关系之前，必须检验沉浸体验和体验价值是否作为中介变量，只有通过检验才能将其作为中介变量进入因果关系模型。在进行中介作用分析时，一般的方法是使用 Baron 和 Kenny 在 1986 年提出的因果回归检测办法，但在运用过程中这种方法评估多中介模型时存在弊端，评估中介作用时最重要的部分是评估中介变量特定的间接效果（Brown，1997），因果逐步回归的检验方法依赖于对单个路径的一组测试，而不是测试特定的间接效果，并且不产生中介效果的点估计或标准误。随后，Baron 等提出了 Sobel 检验办法，然而，该办法验证的有效性也暴露出许多问题。总之，这两种方法更适用于一个中介的模型检验（Holbert et al.，2003），本研究提出的是多中介模型，更适用于采取结构方程模型进行中介效应分析（Dillard，2002）。因此，参照 MacKinnon（1998，2002）的意见，用 Taylor 和 MacKinnon（2008）提出的 Bootstrapping 检验方法，通过计算上下界置信区间检验间接效应是否显著

(Preacher et al.，2008)，对沉浸体验及体验价值在路径“全息智能健身-消费意愿”所起的中介效应进行检验，如果间接效应不包括零数值的区间范围，则可认为中介效应显著。

1. 沉浸体验的中介作用

以全息智能健身特征与消费意愿的关系模型为基础模型，加入沉浸体验作为中介变量，形成如图 4.14 所示模型。模型各拟合指标良好，如表 4.37 所示。

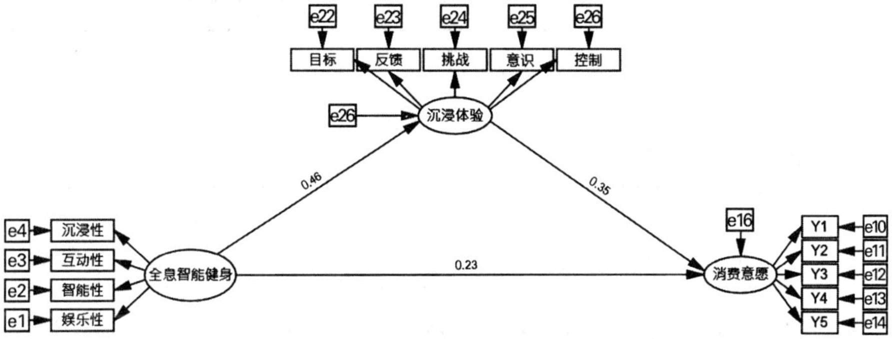

图 4.15　沉浸体验中介效应模型图

注：*** $p<0.001$、** $p<0.01$、* $p<0.05$。

表 4.37　沉浸体验中介效应模型的适配度指标

拟合指数	指数值	说明
df	74	自由度
χ^2	130.629	卡方
χ^2/df	1.765	卡方自由度比，χ^2/df≤3 表明模型拟合得好
RMSEA	0.038	近似误差均方根，RMSEA 取值（0.05，0.08）说明模型拟合得较好，RMSEA 取值低于 0.05 说明模型拟合得非常好
SRMR	0.029	标准化均方根误差，SRMR＜0.05 表明模型拟合得好
CFI	0.981	比较拟合指标，CFI＞0.9 表明模型拟合得好
NNFI（TLI）	0.958	不规范拟合指数，NNFI＞0.9 表明模型拟合得好

采用偏差校正的百分位 Bootstrap 法进行中介效应检验。结果显示：全息

智能健身特征对消费意愿的直接效应显著（$\beta=0.229$，$p<0.001$），占比为59.2%；全息智能健身特征显著正向预测沉浸体验（$\beta=0.501$，$p<0.001$），沉浸体验对消费意愿预测显著（$\beta=0.384$，$p<0.001$）。进一步的 Bootstrap 中介效应检验中，沉浸体验的间接效应达到显著水平（$\beta=0.192$，SE=0.039，95%CI=［0.124，0.275］），置信区间不包含0，说明沉浸体验在全息智能健身特征与消费意愿之间起到部分中介作用，效应占比为40.8%。各变量之间的路径系数见表4.38。

表4.38　沉浸体验中介效应模型各变量之间路径系数

路径		效应值	SE	95%CI	p	效应占比
直接效应	全息智能健身-沉浸体验	0.501	0.061	—	***	—
	沉浸体验-消费意愿	0.384	0.063	—	***	
	全息智能健身-消费意愿	0.279	0.069	[0.419，0.137]	***	59.2%
间接效应	全息智能健身-沉浸体验-消费意愿	0.192	0.039	[0.124，0.275]	***	40.8%
总效应		0.472	0.068	[0.343，0.612]	***	—

注：** $p<0.01$，*** $p<0.001$（双侧检验）；[] 内为95%CI的上限与下限值。

2. 体验价值的中介作用

以全息智能健身特征与消费意愿的关系模型为基础模型，加入体验价值作为中介变量，形成如图4.16所示模型。模型各拟合指标良好，如表4.39所示。

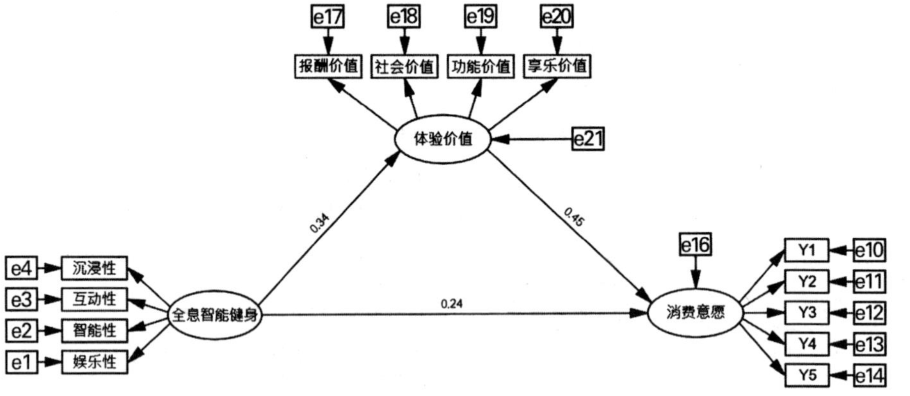

图4.16　体验价值中介效应模型图

表 4.39　体验价值中介效应模型的适配度指标

拟合指数	指数值	说明
df	62	自由度
χ^2	116.756	卡方
χ^2/df	1.883	卡方自由度比，χ^2/df≤3 表明模型拟合得好
RMSEA	0.041	近似误差均方根，RMSEA 取值（0.05，0.08 说明模型拟合得较好，RMSEA 取值低于 0.05 说明模型拟合非常好
SRMR	0.029	标准化均方根误差，SRMR<0.05 表明模型拟合得好
CFI	0.980	比较拟合指标，CFI>0.9 表明模型拟合得好
NNFI（TLI）	0.975	不规范拟合指数，NNFI>0.9 表明模型拟合得好

采用偏差校正的百分位 Bootstrap 法进行中介效应检验。结果显示：全息智能健身特征对消费意愿的直接效应显著（$\beta=0.288$，$p<0.001$），效应占比为 60.8%；全息智能健身特征显著正向预测体验价值（$\beta=0.349$，$p<0.001$），体验价值对消费意愿预测显著（$\beta=0.533$，$p<0.001$）。进一步的 Bootstrap 中介效应检验中体验价值的间接效应达到显著水平（$\beta=0.186$，SE=0.036，95%CI=［0.123，0.267］，置信区间不包含 0，说明体验价值在全息智能健身特征与消费意愿之间起到部分中介作用，效应占比 39.2%。各变量之间的路径系数见表 4.40。

表 4.40　体验价值中介效应模型各变量之间路径系数

路径		效应值	SE	95%CI	p	效应占比
直接效应	全息智能健身特征-体验价值	0.349	0.057	—	***	—
	体验价值-消费意愿	0.533	0.065	—	***	
	全息智能健身特征-消费意愿	0.288	0.063	[0.173，0.414]	***	60.8%
间接效应	全息智能健身特征-体验价值-消费意愿	0.186	0.036	[0.123，0.267]	***	39.2%
总效应		0.474	0.068	[0.343，0.614]	***	—

注：** $p<0.01$，*** $p<0.001$（双侧检验）；[] 内为 95%CI 的上限与下限值。

3. 沉浸体验与体验价值的链式中介作用

以全息智能健身特征与消费意愿的关系模型为基础模型，加入沉浸体验与体验价值作为中介变量，形成如图 4.17 所示的链式中介模型。模型各拟合指标良好，如表 4.41 和表 4.42 所示。

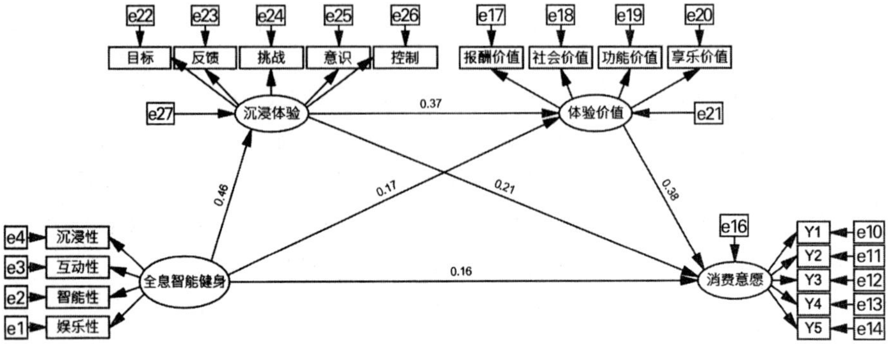

图 4.17 链式中介效应模型图

注：$^{***}p<0.001$、$^{**}p<0.01$、$^{*}p<0.05$。

表 4.41 链式中介效应模型的适配度指标

拟合指数	指数值	说明
df	129	自由度
χ^2	199.313	卡方
χ^2/df	1.545	卡方自由度比，χ^2/df≤3 模型拟合得好
RMSEA	0.032	近似误差均方根，RMSEA 取值（0.05，0.08）说明模型拟合得较好，RMSEA 取值低于 0.05 说明模型拟合非常好
SRMR	0.027	标准化均方根误差，SRMR<0.05 说明模型拟合得好
CFI	0.982	比较拟合指标，CFI>0.9 说明模型拟合得好
NNFI（TLI）	0.979	不规范拟合指数，NNFI>0.9 说明模型拟合得好

采用偏差校正的百分位 Bootstrap 法进行中介效应检验。结果显示：全息智能健身对消费意愿的直接效应显著（$\beta=0.202$，$p<0.01$），沉浸体验对消费意愿预测显著（$\beta=0.202$，$p<0.001$），体验价值对消费意愿预测显著（$\beta=0.202$，$p<0.001$），效应占比为 42.4%。进一步的 Bootstrap 链式中介效应检验结果显示：全息智能健身-沉浸体验-消费意愿的间接效应达到显著水平（$\beta=0.115$，SE=0.034，95%CI=［0.050，0.182］，置信区间不包含 0），效应占比 24.2%；全息智能健身-体验价值-消费意愿的间接效应达到显

著水平（β=0.080，SE=0.028，95%CI=［0.027，0.151］，置信区间不包含 0)，效应占比 16.9%；全息智能健身-沉浸体验-体验价值-消费意愿的间接效应达到显著水平（β=0.079，SE=0.020，95%CI=［0.053，0.136］，置信区间不包含 0)，表明沉浸体验与体验价值在全息智能健身与消费意愿之间起链式中介作用，效应占比 16.5%。具体结果见表 4.42。

表 4.42 链式中介检验路径系数

路径		效应值	SE	95%CI	p	效应占比
直接效应	沉浸体验-消费意愿	0.230	0.063	—	***	—
	体验价值-消费意愿	0.454	0.066	—	***	
	全息智能健身特征-消费意愿	0.202	0.066	[0.074，0.333]	*	42.4%
间接效应	全息智能健身特征-沉浸体验-消费意愿	0.115	0.034	[0.054，0.188]	*	24.2%
	全息智能健身特征-体验价值-消费意愿	0.080	0.030	[0.029，0.148]	***	16.9%
	全息智能健身特征-沉浸体验-体验价值-消费意愿	0.079	0.019	[0.047，0.122]	**	16.5%
总效应		0.477	0.068	[0.346，0.618]	***	—

注：$^{*}p<0.05$，$^{**}p<0.01$，$^{***}p<0.001$（双侧检验）；［］内为 95%CI 的上限值与下限值。

4.7 研究结果分析与讨论

实证研究表明，全息智能健身通过沉浸体验和体验价值对健身者消费意愿产生积极影响，本部分归纳各种影响关系（表 4.43)，并进行总结。

表 4.43 全息智能健身对健身者意愿的假设验证结果

假设序号	假设内容	验证结果
H1	全息智能健身特征正向影响消费意愿	支持
H1a	全息智能健身的沉浸性正向影响消费意愿	不支持
H1b	全息智能健身的互动性正向影响消费意愿	支持

续表

假设序号	假设内容	验证结果
H1c	全息智能健身的智能性正向影响消费意愿	不支持
H1d	全息智能健身的娱乐性正向影响消费意愿	不支持
H2	全息智能健身特征正向影响沉浸体验	支持
H2a	全息智能健身特征正向影响清晰的目标	支持
H2b	全息智能健身特征正向影响即时的反馈	支持
H2c	全息智能健身特征正向影响挑战与技术平衡	支持
H2d	全息智能健身特征正向影响活动和意识融为一体	支持
H2e	全息智能健身特征正向影响潜在的控制感	支持
H3	全息智能健身沉浸体验正向影响消费意愿	支持
H3a	健身中清晰的目标正向影响消费意愿	不支持
H3b	健身中即时的反馈正向影响消费意愿	不支持
H3c	健身中挑战与技术平衡正向影响消费意愿	不支持
H3d	健身中活动和意识融为一体正向影响消费意愿	不支持
H3e	健身中潜在的控制感正向影响消费意愿	支持
H4	全息智能健身特征正向影响体验价值	支持
H4a	全息智能健身特征正向影响顾客投资报酬	支持
H4b	全息智能健身特征正向影响社会性价值	支持
H4c	全息智能健身特征正向影响功能性价值	支持
H4d	全息智能健身特征正向影响享乐性价值	支持
H5	全息智能健身体验价值正向影响消费意愿	支持
H5a	健身中功能性价值正向影响消费意愿	支持
H5b	健身中顾客投资报酬正向影响消费意愿	支持
H5c	健身中社会性价值正向影响消费意愿	不支持
H5d	健身中享乐性价值正向影响消费意愿	不支持
H6	全息智能健身沉浸体验正向影响体验价值	支持
H6a	全息智能健身沉浸体验正向影响消顾客投资报酬	支持
H6b	全息智能健身沉浸体验正向影响社会性价值	支持

续表

假设序号	假设内容	验证结果
H6c	全息智能健身沉浸体验正向影响功能性价值	支持
H6d	全息智能健身沉浸体验正向影响享乐性价值	支持
H7	沉浸体验在全息智能健身对消费意愿的影响中具有中介作用	部分中介
H8	体验价值在全息智能健身对消费意愿的影响中具有中介作用	部分中介
H9	沉浸体验和体验价值在全息智能健身与健身者消费意愿之间存在链式中介作用	支持

资料来源：研究整理。

4.7.1　全息智能健身特征的结构与要素

全息智能健身尚处于初步发展阶段，相关研究文献非常有限。虽然学者对全息智能健身特征的研究非常贫乏，但对全息技术特征和智能性的界定非常明确。本研究在对全息智能健身者健身时的感受等方面进行分析的基础上，借鉴专家所提出的意见，结合文献，提出全息智能健身特征，并利用探索性因子分析和验证性因子分析进行实证检验，发现全息智能健身特征由沉浸性、智能性、互动性、娱乐性 4 个因子组成。从中国当前的研究现状来看，此研究尝试具有实际意义。

4.7.2　全息智能健身对健身者消费意愿的影响

本研究所提出的假设 H1 全息智能健身对健身者消费意愿的影响得到实证支持。全息智能健身会对健身者消费意愿测度指标产生直接影响，这也验证了社会认知理论中，班杜拉所提出的三元交互决定论，认为环境是影响行为意向的重要方面，与陈莉（2023）的研究发现是一致的。陈莉在健身房环境感知价值对健身者持续消费意向的影响研究中提出，互联网智能健身房消费者的健身房环境感知评价显著高于健身工作室、传统健身房和其他类型健身房的消费者，传统健身房消费者的健身房环境感知评价显著低于另外三类健身房的消费者。正如徐雪晴（2021）指出，互联网智能健身房具有社区性、智能性、小型性、连锁性、服务性的特征，服务升级、产品多样、业务线上化，能够24小时营业，最大限度地满足了消费者需求。互联网智能健身房是服务新零售的产物，服务足够优秀，产品足够多样，相比于传统健身房和健身工作室，管理效率更高。健身房消费市场正面临着从传统到现代智能的转型。但是，全息智能健身的沉浸性、智能性和娱乐性对健身者消费意愿的直接正向影响不成立。H1a、H1c、H1d受支持度几乎为零，可能是因为本研究基于整体体验视角，将全息智能健身特征分为沉浸性、互动性、智能性、娱乐性，它们之间互相补充，相互促进，释放整体效应，给健身者消费意愿带来的影响才会更加显著。另外，健身者在健身环境方面所提出的要求越来越高，健身目的呈现多元化，因此，单一的健身特征难以让健身者对该健身模式建立起一定的依恋关系，也就不会产生消费意愿。正如本研究的实证结果显示，单一的特征对健身者消费意愿的影响并不显著。这一研究结论也验证了某些达不到服务要求的全息智能健身房留不住健身会员的根本原因。因此，未来的全息智能健身房一定要满足健身者的多元需要才能真正留住顾客。

4.7.3 全息智能健身对沉浸体验的影响

本研究所提出的全息智能健身对沉浸体验维度影响的假设全部得到支持。假设H2全息智能健身特征给沉浸体验所带来的是正向影响已经得到实证支持。实证结果表明，高质量的全息智能健身会引发健身者的沉浸体验。健身者在全息智能健身环境里，感受到了全息智能健身带来的沉浸性、智能性、互动性和娱乐性，而这些特征让体验者获得了身临其境的美妙感受。与Poesch（2013），Henrix（1996），Deligiannidis和Jcob（2006）等学者提出的高科技环境下参与者能够获得沉浸体验的研究结论相符合。

4.7.4 全息智能健身沉浸体验对消费意愿的影响

本研究所提出的全息智能健身沉浸体验对消费意愿影响的假设得到支持。假设H3全息智能健身沉浸体验给消费意愿带来的是正向影响已经得到实证支持。通过全息智能健身沉浸体验，健身者的消费意愿会有明显的提升，与前人的研究结论相一致，消费者沉浸体验会对其认知和行为产生影响（王安琪等，2020）。但是，全息智能健身沉浸体验中清晰的目标、即时的反馈、挑战与技术平衡、潜在的控制感等分特征，给健身者消费意愿所带来的正向影响是不成立的，H3a、H3b、H3c、H3d 不能得到证实。H3e 虽然得到验证支持，但影响较弱。这是因为沉浸体验是个体把所有注意力都放在某一活动中，整体处于一种忘我状态，而这种状态是由几个维度的测度指标所构成的。其中，最权威的就是 Csikszemtmihalyi（1990）划分的九个维度，后来学者们根据不同领域的研究需要，以此为基础而有所取舍。本研究根据研究需要，选取了其中的 5 个维度进行测量。也就是说，本研究的沉浸体验是 5 种体验综合作用的呈现，进而给消费意愿带来正向影响，而且十分显著，其中的一种体验独立的影响效果不显著。这与许多学者的验证结论也是一致的，即现有研究成果并没有显示沉浸体验中的某一特征对消费意愿影响显著的结论。

4.7.5　全息智能健身对体验价值的影响

本研究所提出的全息智能健身对体验价值影响的假设得到支持。假设 H4 全息智能健身给体验价值带来正向影响已经得到实证支持。H4a、H4b、H4c、H4d 在经过实证之后得到支持。实证检验结果说明，全息智能健身对健身者体验价值的正向影响显著。这是由于全息智能健身可以针对性地打造虚拟健身体验、课程、音乐、环境等内容，各健身项目更具娱乐性，趣味性也因此不断提升，让健身者对那些无聊的健身项目产生兴趣。还可以通过高科技给健身者提供运动辅助，不仅能达到更好的健身效果，健身者的安全还能最大限度地得到保证，这样的健身服务能够全方位地提升健身者全面的价值感知。所得验证结果与夏艺菱（2019）的研究结论具有一致性，即智能产品的外观设计对体验价值维度中的感官价值、情感价值有显著的影响作用，体验价值三个维度也在一定程度上受到交互设计的影响。

4.7.6　全息智能健身体验价值对消费意愿的影响

本研究所提出的全息智能健身体验价值对健身者消费意愿测度指标会产

生直接影响。假设 H5 全息智能健身体验价值正向影响健身者消费意愿得到实证支持。与吴晓云（2018）、张红星（2017）、陈莉（2021）等学者的研究结论相一致，即健身感知价值是消费者持续消费意向的重要影响因素。但全息智能健身体验价值中顾客的社会性价值、享乐性价值对健身者消费意愿的直接正向影响不成立。顾客投资报酬、功能性价值得到检验支持，但影响较弱，这是因为体验价值是消费者在体验产品和服务的全过程中由所有感知所获得的综合的整体的感觉和评价，而这种整体的感觉和评价的变化才能影响消费者的满意度和重购意愿。体验价值构成维度呈多元化，其中一种价值体验是不足以对顾客的消费意愿产生影响的，这一结论与陈莉（2021）提出的消费者的健身房持续消费意向更在于对健身房环境的把握的结论一致。

4.7.7 沉浸体验对体验价值的影响

全息智能健身沉浸体验对健身者体验价值测度指标会产生直接影响。假设 H6 全息智能健身沉浸体验正向影响体验价值得到实证支持。健身者经历了与传统健身截然不同的全息智能健身后，会对健身房全息技术打造的主题环境、智能的运动设备、健身过程中的愉快感受、健身效果等方面的总体主观感受进行价值判断，然后决定再消费还是不消费。这与 Holbrook（1995）的定性研究，Richins（1997）、Westbrook 和 Oliver（1991）等的实证研究结论“顾客价值来源于消费体验”相一致，与 Lasalle 和 Briton（2003）的研究结论“正面的消费体验反应会增加体验价值，相反就会减少”的研究结论相符合。

4.7.8 中介效应分析与作用

1. 沉浸体验和体验价值的中介效应

本研究以沉浸体验作为中介变量构建了中介模型，检验沉浸体验在全息智能健身与健身者消费意愿间的中介效应。针对全息智能健身对健身者消费意愿的促进效应的分析已指出，该促进作用可能是通过提升健身者的体验实现的，即通过沉浸体验这一维度产生的。梳理以往有关沉浸体验的研究发现，这些研究多以 SOR 理论为基础，在心理层面上探索沉浸体验在消费环境刺激与消费意愿或消费行为间的中介效应，且已获得大量实证研究的证实。大量学者以 SOR 理论为基础，认为仅依靠消费环境刺激难以实现消费意愿或消费行为的提升及获取竞争优势，该过程必须作用于消费者心理第三方变量。这一作用机制的社会复杂性、因果模糊性及路径依赖性等使消费环境刺激对消费意愿或消费行为的提升效应得以发挥。与沉浸体验中介效应的逻辑相一致，本研究同样认为仅依靠全息智能健身特征刺激是难以有效地把控健身者的意愿和行为的，更谈不上激活和促进健身者的消费意愿与行为，其必须作用于健身者心理的一些特质（即沉浸体验）才能够发挥对于个体行为的引导和诱发作用。

体验价值是在体验经济环境下形成的，是决定消费者行为的一个重要因素。本研究以体验价值作为中介变量构建中介模型，检验体验价值在全息智能健身与健身者消费意愿间的中介效应。与沉浸体验相类似，以往研究在探索消费环境刺激、产品属性、消费者特征等对健身者消费意愿和行为的作用机理时，往往认为这一关联问题通过一定的消费者体验价值路径实现。

基于此，本研究分别以沉浸体验与体验价值作为中介变量，探索全息智能健身对健身者消费意愿影响的潜在路径。实证结果证实了假设 H7 沉浸体验在全息智能健身特征与健身者消费意愿间具有部分中介效应（$\beta=0.192$，$\rho<0.001$）。实证结果也证实了假设 H8 体验价值在全息智能健身特征与健身者消费意愿间具有部分中介效应（$\beta=0.186$，$\rho<0.001$）。以上研究结果显示，将沉浸体验和体验价值分别作为中介因素研究全息智能健身特征和健身者消费意愿的关联机制问题时，单独加入的沉浸体验和体验价值均扮演着部分中介因素的角色。

2. 链式中介效应

从实证结果来看，沉浸体验和体验价值在全息智能健身特征与健身者消费意愿的不同路径中发挥着差异化的作用。假设 H9 沉浸体验和体验价值在全息智能健身对消费意愿的影响中具有链式中介作用，得到实证支持。综合来看，决定全息智能健身能否促进健身者消费意愿的影响因素不是全息智能健身特征和沉浸体验，而是健身者在这两者的影响下产生的体验价值决定的。研究发现，健身者的沉浸体验和体验价值在全息智能健身与健身者消费意愿之间起链式中介作用，也就是说，全息智能健身能够给顾客提供身体上的沉浸感和心理上临场感，让体验者产生美好的感觉，人们感知到的外在环境的刺激越强，其体验感知就越接近现实体验，全息智能健身的沉浸性、智能性、互动性、娱乐性等特征，让健身者进入沉浸体验，进而能让健身者在顾客投资报酬、社会性、功能性及享乐性等方面体验到价值，进而影响其消费意愿。因此，全息智能健身不仅对健身者的消费意愿产生影响，还受到沉浸体验和体验价值两个变量的综合驱动，沉浸体验和体验价值在全息智能健身对健身者消费意愿产生影响的过程中具有链式中介效应。在全息智能健身过程中，其所呈现的叠加深化效果也是非常明显的。

4.8 本章小结

本章就探索性因子进行分析，对信度进行检验以及分析验证性因子时，都用到了体验价值、沉浸体验等相关变量，确定了各变量的结构维度，对沉浸体验和体验价值在全息智能健身对健身者消费意愿作用中担任中介变量进行了偏差校正的百分位 Bootstrap 法检验，继而针对全息智能健身对健身者消费意愿作用的结构方程模型进行验证分析。研究得出的主要结论是：

(1) 全息智能健身特征由 4 个维度构成。全息智能健身特征包括沉浸性、智能性、互动性和娱乐性 4 个维度。基于全息智能健身特征量表对效度和信度进行检验，从检验结果来看，该量表的效度和信度都是比较好的。

(2) 全息智能健身特征构成因子的影响权重存在差异，按照权重影响大小进行排列，排在最前的是沉浸性，紧接着是智能性、互动性，排在最后的是娱乐性。

(3) 全息智能健身给健身者消费意愿带来的都是正向影响，而且是非常明显的。

（4）全息智能健身特征除互动性外，其余每个独立的维度对健身消费意愿的影响并不显著。

（5）全息智能健身特征对健身者沉浸体验的影响程度排序为：全息智能健身对健身者在健身过程中清晰的目标感影响最大，其次是活动与意识统一感，影响最弱的是潜在的控制感。

（6）在全息智能健身与消费意愿之间起中介作用的是沉浸体验。在进行验证之后发现，全息智能健身给健身者消费意愿带来的都是正向影响，而且是非常明显的。除活动与意识统一对健身者消费意愿的影响成立外，清晰的目标、即时的反馈、挑战与技术平衡、潜在的控制感中每一种独立的体验对健身者消费意愿的影响并不显著。

（7）全息智能健身特征对健身者体验价值的影响程度排序为：全息智能健身对健身者健身过程中享乐性价值影响最大，其次是功能性价值，影响最弱的是潜在的控制感。

（8）在全息智能健身与消费意愿之间起中介作用的是体验价值。在进行验证之后发现，全息智能健身给健身者消费意愿带来的都是正向影响，而且是非常明显的。除顾客投资报酬、功能性价值外，社会性价值、享乐性价值中每一种独立的体验对健身者消费意愿的影响并不显著。

（9）沉浸体验与体验价值在全息智能健身与健身者消费意愿之间起着链式中介效应。

第 5 章　研究结论与展望

本章主要对研究内容进行归纳和总结，为全息智能健身更好的发展指明方向。首先，对所得研究结论进行汇总；其次，对本研究的理论贡献以及所得实践启示进行归纳总结；最后，指出本研究存在的不足之处，并进行分析，有助于后期研究。

5.1　主要研究结论

近些年，随着人们对健康的重视度越来越高，健身行业发展越来越火。全息智能健身是一种全新的健身手段，正在改变健身人群的健身理念与健身方式，全息智能健身的消费意愿影响机制有待学术界进行深入研究。本研究基于 SOR 理论、沉浸理论、认知评价理论进行相关研究。对于全息智能健身沉浸体验、体验价值的结构维度以及消费意愿会受哪些因素的影响，本研究都取得了初步研究结果，并就全息智能健身对健身者消费意愿的影响机制展开深入的研究分析，所得结论如下：

5.1.1　验证了全息智能健身特征维度及其对健身者消费意愿的影响

通过对全息智能健身相关研究的理论综述，在全息技术特征维度和智能健身特征维度相关研究的基础上，通过 3 种途径获取量表的初始题项，并构建起基于全息智能健身特征的概念模型，根据研究需要自编量表，并对全息智能健身特征展开了实证研究。收集了 252 份前测测试有效问卷和 525 份正式调研问卷，用 SPSS 26.0 软件和 AMOS 23.0 软件测量并检验了全息智能健身特征的内涵及测度模型。实证检验结果验证了全息智能健身特征由沉浸性、互动性、智能性和娱乐性 4 个维度构成，全息智能健身特征构成因子的影响权重存在差异，按照权重影响大小进行排列，排在最前的是沉浸性，紧接着是智能性、互动性，排在最后的是娱乐性。

5.1.2　验证了全息智能健身对健身者消费意愿的影响机制

对调研所取得的数据以及访谈所取得的数据进行研究分析，使用探索性、验证性研究方法，初步构建了以沉浸体验和体验价值为中介变量的全息智能健身对健身者消费意愿的影响机制模型，继而对其进行了理论逻辑推演，借助 SOR 模型，对全息智能健身、沉浸体验、体验价值、消费意愿之间的关系做出假设，采用实证研究方法，对结构方程模型进行验证分析。研究得出的主要结论有：

第一，健身者消费意愿受全息智能健身显著性正向影响。

以变量组合策略简化测量模型，对全息智能健身特征 4 个构成变量（沉浸性、智能性、互动性、娱乐性）进行转换，基于全息智能健身构建消费意愿结构方程模型。在实证分析中发现，全息智能健身给健身者消费意愿带来的都是正向影响，而且是非常明显的，但沉浸性、智能性、娱乐性每个独立的特征对健身者消费意愿的影响并不显著。

第二，健身者沉浸体验受全息智能健身显著性正向影响。

全息智能健身特征对健身者沉浸体验的影响程度排序为：全息智能健身对健身者在健身过程中清晰的目标感影响最大，其次是活动与意识统一感，影响最弱的是即时的反馈。

第三，健身者消费意愿受全息智能健身沉浸体验显著性正向影响。

在全息智能健身与消费意愿之间起中介作用的是沉浸体验。在进行验证之后发现，全息智能健身沉浸体验给健身者消费意愿带来的都是正向影响，而且是非常明显的。但清晰的目标、即时的反馈、挑战与技术平衡、潜在的控制感每一种独立的体验对健身者消费意愿的影响并不显著。活动与意识统一对健身者消费意愿的影响虽然得到验证支持，但影响效果较弱。

第四，健身者体验价值受全息智能健身显著性正向影响。

全息智能健身特征对健身者体验价值的影响程度排序为：全息智能健身对健身者在健身过程中的享乐性价值影响最大，其次是功能性价值，影响最弱的是社会性价值。

第五，健身者消费意愿受全息智能健身体验价值显著性正向影响。

在全息智能健身与消费意愿之间起中介作用的是体验价值。在进行验证之后发现，全息智能健身体验价值给健身者消费意愿带来的都是正向影响，而且是非常明显的，但社会性价值、享乐性价值每一种独立的体验对健身者消费意愿的影响并不显著。顾客投资报酬、功能性价值对健身者消费意愿的影响虽然得到验证支持，但影响效果较弱。

第六，沉浸体验与体验价值在全息智能健身与健身者消费意愿之间起着链式中介效应。

5.2 理论贡献与管理启示

5.2.1 理论贡献

第一，本研究在探讨全息智能健身内涵的基础上对其特征的维度进行探索，并将问卷调查所得数据与网络文本进行结合做进一步实证分析，开发了全息智能健身特征量表，为全息智能健身的后续研究提供了测量工具。

第二，本研究基于个体情感和认知视角揭示了全息智能健身通过高科技媒介“调节”价值的本质。全息智能健身之所以具有“调节”功能，主要是因为全息智能健身的独有特征扩大了个体的情感和认知框架，健身者沉浸于健身体验中，产生对这种体验的价值判断。本研究检验了沉浸体验和体验价值在全息智能健身和健身者消费意愿之间的链式中介作用，进一步明晰了补充的积极心理资源，这种特定的心理资源的补充是由全息智能健身导致的情感和认知框架的扩大所致。

5.2.2　管理启示

实证研究的目的在于为健身企业的管理实践提供有力的理论指导。全息智能健身对健身者消费意愿的作用机制在本研究中已经得到实证检验，可将本研究的结论应用到新兴的智能化健身房会员管理的实践之中，以心理学、积极组织行为学为基础，对健身会员的管理提供有力的指导与帮助。鉴于全息智能健身沉浸体验和体验价值对健身者消费意愿的促进作用，本研究建议健身企业重视科技赋能的健身房改造，重视高科技和智能化对健身会员沉浸体验和体验价值促进作用，并有针对性地进行会籍管理。

1. 全面系统地提升健身房的全息智能化

对全息智能健身特征不断深入分析，找到优化全息智能健身环境的途径，以更好地发挥全息智能健身对消费意愿的促进作用。通过实证研究，全息智能健身特征给消费意愿所带来的都是正向影响，健身房的管理人员应该重视健身房的智能化、科技化建设，了解哪些特征对健身人员的健身消费意愿有积极的影响，从而有针对性地优化健身房的环境、设备与服务。研究认为，全息智能健身房的打造应从三个方面进行：全息 LED 显示屏环绕，引用 AI 智能训练系统，人机互动和人际互动的训练方式设计，将沉浸性、智能性等特征很好地凸显出来。

2. 重视从心理层面推动全息智能健身者的消费意愿

首先，健身者的沉浸体验需要进一步提升。即提高健身者在全息智能健身过程中的基于全息显示屏所营造的身临其境的氛围，科技化、智能化的便捷操作，类游戏化的锻炼过程，在不断的诱导下，健身者的消费意愿也会随之提升。全息智能健身房必须对其显示情境进行有针对性的筛选，对健身者跑步场景、动感单车场景、瑜伽场景进行有针对性的设计与选择。AI 智能训练系统的功能应有针对性，适合多数健身者的实际需要，应包括健身者健身技能、体能数据的及时记录与反馈，科学、智能、安全的运动健身方案的供给，趣味性、有效性的训练过程的设计。

其次，提升用户的体验价值。健身房不仅应着力提升健身者的沉浸体验，更应该将用户的沉浸体验转化成积极的体验价值，这样才能够正向影响其消费意愿。体验价值是消费者在体验产品和服务的全过程中所获得的整体感觉和评价，包括在产品体验过程中的所有感知，如服务质量、功能价格、情感认知等各方面。因此，全息智能健身房管理者应提升健身者积极的价值体验，进而提升健身者的消费意愿。

5.3 研究局限与展望

5.3.1 研究局限

本研究使用规范的研究方法，得出了一些有意义的结论。然而，全息智能健身对健身者消费意愿的影响研究只是一个初步的尝试，必然存在许多不足。

(1) 本研究的实证研究样本主要采取成熟的网络调查网站进行问卷调查，所得调查数据存在样本抽样的随机性不足等缺点。虽然本研究尽量通过现有的多种网络工具将问卷发放给不同地域和不同的全息智能健身群体，由于全息智能健身刚刚起步，还是以东部地区为主，可能难以代表所有全息智能健身群体，使得本研究的外部效度降低，推论能力不足的情况也可能产生。

(2) 虽然消费意愿可以比较稳定、准确地预测全息智能健身者的消费行为，但健身者的消费意愿与消费行为并不是必然指向关系（李东进，2007），健身者在形成消费意愿以后，要进一步形成最终的消费行为还取决于该用户的经济能力、文化背景等，但本研究并未分析全息智能健身者的消费意愿进一步向消费行为转化的影响因素和转化机制，这也是值得进一步研究的课题。

(3) 影响全息智能健身消费意愿的因素不仅复杂而且广泛，本研究结合SOR理论、沉浸理论和认知评价理论，就全息智能健身特征对健身者消费意愿的影响展开研究，存在一定的局限性。健身者形成全息智能健身消费意愿的影响因素很复杂，不仅与全息智能健身特征有关，还与健身者自身特性有关，如健身者的文化背景、个人经历等，但本研究忽略了这些因素的影响。下一步的研究可以考虑将这些因素引入，研究其对全息智能健身消费意愿的影响。

5.3.2　研究展望

（1）对全息智能健身类型进行划分，有针对性地对细分领域进行研究。

（2）研究全息智能健身消费意愿向消费行为转化的影响机制模型。健身者的消费意愿如何最终转化为消费行为？受到哪些因素的影响？影响机制如何？这些都是值得进一步研究的问题。

（3）将全息技术、智能技术与户外拓展等运动项目联系起来，是一个非常好的尝试。

附　录

附录1　专家一般资料（$N=5$）

序号	所在高效	职称	学历	研究专长	在本研究中的工作
1	湖南科技大学	教授	博士	全息技术	访谈提纲评定
2	湖南科技大学	副教授	博士	智能健身	访谈提纲评定
3	湖南师范大学	教授	博士	体育管理	访谈资料分析、编码、题项净化
4	湖南科技大学	副教授	博士	体育管理	访谈资料分析、编码、题项净化
5	湖南科技大学	讲师	博士	体育管理	访谈资料分析、编码、题项净化

附录2　访谈提纲专家评审表

尊敬的××专家：您好！我是××大学××学院的一名博士生，我们团队正在进行一项有关全息智能健身对健身者消费意愿影响的研究工作，您是消费者心理、消费者行为和智能健身领域的专家，我们诚挚地邀请您对我们的访谈提纲提供宝贵的意见和建议，十分感谢！期盼得到您的帮助和支持。

请您先了解关于全息智能健身特征量表开发的研究背景。全息智能健身，顾名思义，就是将全息投影技术与智能健身有机结合起来，依托先进的人工智能技术打造，通过全息技术及人工智能技术等多项专利技术实现“场景包裹”“多点、多人实时互动训练”“可视化训练过程”“实时反馈训练结果及趋势分析”“专业训练保障”，是一种全新的智能化健身模式。与传统健身、智能健身相比较，这种健身模式的智能技术、全息技术两者的结合更为明显。

本研究针对全息智能健身特征进行调查，编制了12个访谈题目，请您根据以上研究背景以及您的理解对以下题目给出评定。评定结果在相应栏内以“√”的形式标注。如果您有其他改进意见或建议，欢迎您通过批注等方式标示出来，我们将十分感谢。

访谈题目	评定结果		
	好	中	坏
1. 你感觉全息智能健身与传统健身相比有哪些独特的地方？为什么？			
2. 在全息智能健身过程中，你有身临其境的感觉吗？为什么？			
3. 在全息智能健身过程中，你能获得即时的反馈与指导吗？体现在哪些方面？			
4. 全息智能健身设备运用起来方便吗？为什么？			
5. 你对全息智能健身的整体感受是什么？			

续表

访谈题目	评定结果		
	好	中	坏
6. 在全息智能健身过程中，你能进行人机或人际互动吗？体现在哪些方面？			
7. 你对全息智能健身设备的智能化功能印象如何？			
8. 你会向其他人推荐全息智能健身吗？为什么？			
9. 某次让你印象深刻的全息智能健身给你带来的体验是什么？为什么印象这么深刻？			
10. 你会继续选择全息智能健身吗？为什么？			
11. 你觉得全息智能健身的哪些方面对你有影响？为什么？			
12. 你喜欢全息智能健身吗？为什么？			

附录3 正式访谈提纲

本研究的访谈对象共有25位，包括2位专家学者，对初步问卷的题项给出修改意见。5位智能健身俱乐部经理、16位智能健身俱乐部会员、2位智能健身设备设计师，从年龄来看，此次受访者基本符合受众群体特征。从性别来看，受访者的性别分布较为平衡。从受访者职业来看，5位智能健身俱乐部经理深度联系健身行业，其意见建议具有较强的代表性，能够反映健身运动的基本情况。在设计师方面，2位智能健身设备设计师，对全息智能健身设施非常了解。在专家方面，专家1是教授，主要研究方向为智能运动健身和健康方向，专家2是副教授，主要研究方向为城市体育，健身运动都是2位专家关注的焦点内容之一。综上，本次访谈对象的代表性有一定的保障，专家的意见保障了本次调研和问卷设计的科学性和规范性。

访谈提纲：

1. 你感觉全息智能健身与传统健身相比有哪些独特的地方？为什么？

2. 在全息智能健身过程中，你有身临其境的感觉吗？为什么？

3. 在全息智能健身过程中，你能获得即时的反馈与指导吗？体现在哪些方面？

4. 全息智能健身设备运用起来方便吗？为什么？

5. 你对全息智能健身的整体感受是什么？

6. 在全息智能健身过程中，你能进行人机或人际互动吗？体现在哪些方面？

7. 你对全息智能健身设备的智能化功能印象如何？能举一些例子吗？

8. 某次让你印象深刻的全息智能健身给你带来的体验是什么？为什么印象这么深刻？

9. 你喜欢全息智能健身吗？为什么？

10. 你会坚持全息智能健身吗？谈谈你坚持全息智能健身的原因。

附录 4 分析单元确定案例

【访谈资料一】女，行业经验 10 年，智能健身俱乐部经理

我觉得全息智能健身房的布局和设计与传统的健身房是有很大不同的。我们现在主要采用高科技健身设备，为会员提供独特的健身体验。目前，我们比较注重空间利用和功能性，确保每位会员都能在① 舒适的环境中进行锻炼。在设计方面，全息智能健身房通常运用现代、简约的装修风格，结合灯光、音乐和色彩，②营造出活力四射的健身氛围。除此之外，我们还配备了智能化管理系统，③方便会员预约课程、查询健身数据等，提升了健身房的运营效率。在布局方面，我们会合理规划不同功能区域，如力量训练区、有氧运动区、团体课程区。此外，还会设置休息区、更衣室等，以满足会员的各种需求。从我的从业经验来看，全息智能健身主要有以下几个方面比较吸引顾客：一是沉浸式的体验。全息技术给顾客提供了④沉浸式的锻炼环境，让顾客仿佛置身于真实的场景中锻炼。这种身临其境的体验让顾客觉得有趣，能激发他们的运动热情。二是智能化的指导。⑤全息智能健身设备可以根据顾客的身体状况和运动需求，提供智能化的训练计划和指导，⑥这种个性化的服务让健身更科学、高效，避免了盲目锻炼可能带来的风险。三是设备的实时反馈。通过设备内置的传感器和智能算法，全息智能健身设备能实时监测健身者的运动数据，提供实时的反馈，⑦这可以帮助顾客及时了解自己的锻炼效果，并且通过反馈调整运动强度和方式。四是社交互动。全息智能健身设备支持社交功能，⑧健身者在锻炼过程中可以和一些朋友进行互动和交流。这样的互动增加了健身的趣味性。最后多样化的选择。⑨全息智能健身提供了很多的运动场景和模式，以满足顾客的需求和喜好，如力量训练、有氧运动等，顾客能在全息智能健身中找到适合自己的方式。

【访谈资料二】男，健身经验 6 年，智能健身俱乐部会员

全息智能健身，真的挺酷的！首先，沉浸式体验①让你感觉像是进入了

另一个世界，运动起来特别有劲。然后，全息智能健身的智能化不仅体现在健身预约、智能门禁和健身后的反馈，还体现在健身过程中个性化的健身计划和指导。智能健身设备②能根据你的身体状况来制定训练计划，就像私人教练一样，特别贴心。健身过程中还有实时反馈，③你随时都能知道自己的运动状态，该加把劲还是悠着点，心里都有数。另外，全息智能健身时④还能跟其他人一起练，边练边聊，互相鼓励，⑤感觉时间过得特别快。最后，⑥全息智能健身有很多选择。不管你喜欢哪种运动方式，力量训练、有氧还是团体操，全息智能健身都能满足你。除了刚刚提到的那些，全息智能健身还有一点特别好，就是它的灵活性。有时候，我们可能因为工作忙或其他原因，没法按时去健身房。全息智能健身设备就像是把整个健身房都搬到了家里一样。只要有空，⑦随时都能开始锻炼。对于新手来说，全息智能健身也是个很好的选择，⑧因为它有详细的引导和提示，告诉你该怎么做动作、怎么调整呼吸，就算是第一次健身，也不用担心会出错或者受伤了。⑨全息智能健身其实也是一种很好的解压方式。在现代社会，我们经常会面临各种各样的压力，而运动是一种很好的释放压力的方式。全息智能健身通过提供身临其境的运动体验，让我们能够暂时忘记烦恼，专注于运动本身，从而达到放松身心的效果。记得第一次全息瑜伽，我感觉自己在一个非常有意境的竹林里，完全沉浸在里面了，身心都得到了放松。全息智能健身也很适合那些喜欢尝试新鲜事物的人，它总会推出新的运动场景和模式，让人感觉永远都有新的挑战和乐趣在等着自己。⑩ 这种新鲜感和挑战性，真的很容易让人上瘾。总之，全息智能健身真的是一种很棒的健身方式。它不仅高效、便捷、有趣，还能帮助我们解压、挑战自我、保护安全。如果你还没尝试过的话，我真的强烈推荐你去体验一下。

附录 5　访谈对象的一般资料（$N=25$）

编号	性别	岗位	行业经验	月健身频次
M1	女	智能健身俱乐部经理	10 年	4 次
M2	男	智能健身俱乐部经理	6 年	6 次
M3	男	智能健身俱乐部经理	8 年	8 次
M4	男	智能健身俱乐部经理	9 年	4 次
M5	男	智能健身俱乐部经理	8 年	6 次
M6	男	智能健身俱乐部会员	4 年	16 次
M7	女	智能健身俱乐部会员	4 年	2 次
M8	女	智能健身俱乐部会员	2 年	2 次
M9	男	智能健身俱乐部会员	6 年	12 次
M10	男	智能健身俱乐部会员	5 年	12 次
M11	女	智能健身俱乐部会员	1 年	6 次
M12	男	智能健身俱乐部会员	2 年	8 次
M13	男	智能健身俱乐部会员	3 年	8 次
M14	男	智能健身俱乐部会员	3 年	12 次
M15	女	智能健身俱乐部会员	1 年	6 次
M16	男	智能健身俱乐部会员	4 年	12 次
M17	男	智能健身俱乐部会员	2 年	8 次
M18	男	智能健身俱乐部会员	3 年	1 次
M19	女	智能健身俱乐部会员	1 年	12 次
M20	男	智能健身俱乐部会员	4 年	8 次
M21	男	智能健身领域专家	6 年	4 次
M22	女	智能健身领域专家	10 年	4 次
M23	男	智能健身俱乐部会员	3 年	8 次
M24	男	智能健身设备设计师	5 年	偶尔
M25	男	智能健身设备设计师	3 年	偶尔

附录 6 量表评定专家一般资料（$N=8$）

序号	所在高效	职称	学历	研究专长
1	湖南科技大学	教授	博士	全息技术
2	湖南科技大学	教授	博士	智能健身
3	湖南师范大学	教授	博士	体育管理
4	湖南科技大学	副教授	博士	体育管理
5	湖南科技大学	副教授	博士	体育管理
6	湖南工业大学	副教授	博士	智能健身
7	湖南工业大学	教授	博士	体育管理
8	湖南科技大学	副教授	博士	智能健身

附录7　专家评审表（一）

尊敬的××专家：您好！我是××大学××学院的一名博士生，我们团队正在进行一项有关全息智能健身特征的量表开发工作，您是消费者心理和消费者行为领域的专家，我们诚挚地邀请您对我们的量表开发研究提供宝贵意见和建议，十分感谢！我们计划进行1～3轮的量表开发咨询，期盼得到您的帮助和支持。请您先了解关于量表开发的研究背景。全息智能健身，顾名思义，就是将全息投影技术与智能健身有机结合起来，依托先进的人工智能技术打造，通过全息技术及人工智能技术等多项专利技术实现的“场景包裹”“多点、多人实时互动训练”“可视化训练过程”“实时反馈训练结果及趋势分析”“专业训练保障”，是一种全新的智能化健身模式。与传统健身、智能健身相比较，全息智能健身中，智能技术和全息技术两者的结合更为明显。

通过梳理文献，我们认为全息智能健身特征应包含4个维度：沉浸性、智能性、互动性、娱乐性。

全息智能健身特征维度内涵说明

维度名称	维度内涵的简要说明
沉浸性	全息技术为健身者提供沉浸式的锻炼环境，让健身者仿佛置身于真实的场景中，这种身临其境的体验让锻炼变得更加有趣和生动，能够激发健身者的运动热情
智能性	全息智能健身系统能够根据健身者的身体状况和运动需求，提供智能化的训练计划和指导
互动性	全息智能健身系统的社交功能，让健身者能在锻炼过程中与其他人和设备进行互动交流
娱乐性	全息智能健身系统通过各种场景、游戏等调动健身者的锻炼兴趣、释放健身者的身心压力

请您根据以上研究背景，对以下关于全息智能健身量表的各题项给出评定。首先，请您判断测量题项是否可以归到当前所属的维度中。然后，判断

测量题项对所属维度的代表性。评定结果在相应栏内以"√"的形式标注。如果您有其他改进意见或建议，欢迎您通过批注等方式标示出来，我们将十分感谢。

全息智能健身特征量表

维度	题项	是否归入该维度		代表性		
		是	否	好	中	差
沉浸性	XA1 全息智能健身使我有身临其境的感觉					
	XA2 在全息智能情境中训练时我常常沉浸其中					
	XA3 在全息智能健身时，我完全融入场景中					
	XA4 在全息智能健身时，我的情绪会随着情境而变化					
	XA5 在全息智能健身时，我不知不觉就完成了训练任务					
互动性	XB1 全息健身为我提供了互动交流的平台					
	XB2 在全息智能健身时，可以进行人机互动					
	XB3 在全息智能健身时，可以进行人际互动					
	XB4 多人情境训练中人际互动频率增多					
智能性	XC1 全息智能健身智能化程度高					
	XC2 全息智能健身系统可以对我的健身过程进行智能分析					
	XC3 全息智能健身中智能设备可以为我提供及时的指导，帮助我完成训练任务					
	XC4 全息智能设备远程控制和智能预约等功能使我能够更加方便地管理自己的健身计划					
娱乐性	XD1 全息智能健身中的健身内容及组合多样化使训练过程不枯燥					
	XD2 全息智能健身所提供的虚拟场景增强了健身过程的趣味性					
	XD3 在全息智能健身过程中我感受到较大的乐趣					
	DX4 全息智能健身所提供的虚拟场景增强了健身过程的趣味性					

附录8 专家评审表（二）

尊敬的××专家：您好！我是××大学××学院的一名博士生，我们团队正在进行一项有关全息智能健身对健身者消费意愿影响的研究工作，本研究涉及四个变量，除了全息智能健身特征量表为自己开发的量表外，其余的变量沉浸体验、体验价值、消费意愿三个量表均为成熟量表，但成熟量表引用的过程中会遇到国情不同、研究情境不同等本土化使用的问题，因此在引用这三个量表之前，依据相关文献和反复商讨，在没有大的结构改变的情况下做了适当的修正与整理，以适用本研究的需求。您是消费者心理和消费者行为领域的专家，我们诚挚地邀请您对我们的三个量表提供宝贵意见和建议，十分感谢！请您先了解关于沉浸体验、体验价值、消费意愿的研究背景。

1. 沉浸体验

沉浸体验是指个体将全部注意力放在某一活动上，并达到忘我状态（Csikszentmihaly，1975）。全息智能健身沉浸体验定义为：健身者在全息智能的健身环境中，能够完全投入其中，专注于当前的锻炼任务，进行可控性、挑战性较强的健身活动，失去其他无关的知觉，感受到愉悦的精神状态。

通过梳理文献以及反复讨论，我们认为全息智能健身沉浸体验包含以下五个维度：清晰的目标、即时的反馈、潜在的控制感、活动和意识融为一体、挑战与技术平衡。

全息智能健身沉浸体验内涵说明

维度名称	维度内涵的简要说明
清晰的目标	活动结果个体能精准预测，活动能长期坚持，并通过活动将自身能力不断提升
即时的反馈	在活动过程中，结果可以及时清晰地被个体感受到

续表

维度名称	维度内涵的简要书名说明
潜在的控制感	在活动中完全能控制自己的身体和行为
活动和意识融为一体	人们如此投入他们正在做的事情中，活动变得自发，几乎是自动的
挑战与技术平衡	个人的能力与任务的挑战性相平衡，过难和过简单的任务都难以产生沉浸体验

请您根据以上研究背景，对以下关于全息智能健身量表的各题项给出评定。首先，请您判断测量题项是否可以归到当前所属的维度中。然后，判断测量题项对所属维度的代表性。评定结果在相应栏内以“√”的形式标注。如果您有其他改进意见或建议，欢迎您通过批注等方式标示出来，我们将十分感谢。

全息智能健身沉浸体验量表

维度	题项	是否归入该维度		代表性		
		是	否	好	中	差
清晰的目标	M1A1 在全息智能健身中，我总是有确切的目标					
	M1A2 在全息智能健身中，我知道要达到的阶段性目标					
	M1A3 在全息智能健身中，我清楚自己想做什么					
	M1A4 在全息智能健身中，我很清楚自己正在做什么					
即时的反馈	M1B1 在全息智能健身中，我可以及时地了解自己的表现					
	M1B2 在全息智能健身时，我能及时了解到我的表现很好					
	M1B3 在全息智能健身时，我能从设备显示的数据中知道我的训练表现					
	M1B4 在全息智能健身中，我可以即时获得自己健身进度的反馈					
挑战与技术平衡	M1C1 全息智能健身所提供的技术与挑战，我都可以适应					
	M1C2 在全息智能健身中，我的大脑能够快速思考与运作，并且会与行动相配合					
	M1C3 在全息智能健身时，我相信我的技能可以让我迎接挑战					
	M1C4 在全息智能健身时，每次挑战和我的技能水平一样高					

续表

维度	题项	是否归入该维度		代表性		
		是	否	好	中	差
活动和意识融为一体	M1D1 在全息健智能身时，世界好像和我断了联系					
	M1D2 当我在全息智能健身中参与各项活动时，我不考虑其他的事情					
	M1D3 在全息智能健身时，全世界仿佛只有我一个，任何吵闹都影响不了我					
	M1D4 当我在全息健身中参与各项健身活动时，我很投入，不喜欢被打扰					
潜在的控制感	M1E1 我感觉能完全控制全息智能健身的过程					
	M1E2 在全息智能健身时，我有种掌控全局的感觉					
	M1E3 在全息智能健身时，我觉得自己能完全控制自己的行为					
	M1E4 在全息智能健身时，我感觉一切尽在掌控中					

2. 体验价值

体验价值属于全新的消费者价值观念，在体验经济环境下形成，是决定消费者行为的一个重要因素。本研究对体验价值给出全新定义：健身者在全息智能健身中的感受与评估，包括服务品质、情感认知等各个层面。

通过梳理文献以及反复讨论，我们认为全息智能健身体验价值包含以下四个维度：顾客投资报酬价值、社会价值、功能价值、享乐价值。

全息智能健身体验价值维度说明

维度名称	维度内涵的简要说明
顾客投资报酬价值	全息智能健身在身心健康提升效果、健身习惯的养成、动作技能的提升等方面的价值
社会价值	全息智能健身在人际交往方面所体现的价值
功能价值	全息智能健身在健身设备、课程内容、服务等方面所体现的价值
享乐价值	全息智能健身在身心愉悦方面带来的价值

请您根据以上研究背景，对以下关于全息智能健身量表的各题项给出评定。首先，请您判断测量题项是否可以归到当前所属的维度中。然后，判断测量题项对所属维度的代表性。评定结果在相应栏内以“√”的形式标注。如果您有其他改进意见或建议，欢迎您通过批注等方式标示出来，我们将十分感谢。

全息智能健身体验价值量表

维度	题项	是否归入该维度		代表性		
		是	否	好	中	差
顾客投资报酬价值	M2A1 全息智能健身对于提升健身效果有辅助作用					
	M2A2 全息智能健身有助于改善我的健康状况					
	M2A3 全息智能健身有助于我养成良好的运动习惯					
	M2A4 全息智能健身让我了解了更多运动常识和技术动作					
	M2A5 全息智能健身的训练课程及相应功能为我创造了良好的运动氛围					
社会价值	M2B1 全息智能健身可以扩展我的社交层					
	M2B2 全息智能健身中与他人互动沟通令我很受益					
	M2B3 参与全息智能健身可以融洽我和同行人的感情					
	M2B4 参与全息智能健身是我身份或个性的一种体现					
	M2B5 全息智能健身有助于我给别人留下好的印象					
功能价值	M2C1 在全息智能健身上的消费物有所值					
	M2C2 在全息智能健身中，各种健身项目安排合理、方便					
	M2C3 全息智能健身的互动功能，非常有吸引力，是我想要的					
	M2C4 在全息智能健身中参与各项健身活动能够让我掌握各种知识与技能，如健康保健知识等					
	M2C5 全息智能健身整体服务质量好					
享乐价值	M2D1 全息智能健身让我感到非常愉快					
	M2D2 参与全息智能健身可以让我得到体验多种新环境和角色的自我满足感					
	M2D3 全息智能健身能激发我愉快的情绪反应					
	M2D4 全息智能健身可以舒缓我的压力，使我得到放松					
	M2D5 在全息智能健身中，我能忘记烦恼					

3. 消费意愿

1977 年，Fishbein 和 Ajzen 第一次提出了消费意愿的概念，指消费者主观上想要得到某种产品或服务愿望的强弱程度。考虑到实际研究需要，在本研究中，消费意愿是指全息智能健身者试图购买某种健身产品或服务的可能性。

请您根据以上研究背景，对以下关于全息智能健身量表的各题项给出评定。首先，请您判断测量题项是否可以归到当前所属的维度中。然后，判断测量题项对所属维度的代表性。评定结果在相应栏内以“√”的形式标注。如果您有其他改进意见或建议，欢迎您通过批注等方式标示出来，我们将十分感谢。

全息智能健身消费意愿量表

变量	题项	是否归入该变量		代表性		
		是	否	好	中	差
消费意愿	Y1 对全息智能健身，我很愿意下次再来					
	Y2 对全息智能健身，我很愿意推荐亲属或朋友					
	Y3 对全息智能健身，我很愿意发表正面的评价					
	Y4 对全息智能健身，我对关联产品或服务消费的意愿很强					
	Y5 与传统健身房健身相比，我更愿意在全息智能健身房中健身					

参考文献

[1] 艾黎. 网络购物环境下推荐与促销对消费者购买意愿影响的对比研究 [D]. 武汉：武汉大学，2018.

[2] 包鹏程. 商业健身俱乐部智能化的利弊分析 [D]. 南京：南京体育学院，2022.

[3] 卜庆娟，金永生，李朝辉. 互动一定创造价值吗？——顾客价值共创互动行为对顾客价值的影响 [J]. 外国经济与管理，2016，38（09）：21-37+50.

[4] 陈家瑶，刘克，宋亦平. 参照群体对消费者感知价值和购买意愿的影响 [J]. 上海管理科学，2006（03）：25-30.

[5] 陈洁，丛芳，康枫. 基于心流体验视角的在线消费者购买行为影响因素研究 [J]. 南开管理评论，2009，12（02）：132-140.

[6] 陈静，朱辉煌. 顾客视角下用户体验量表开发与效度检验 [J]. 统计与决策，2019，35（13）：60-64.

[7] 陈莉. 健身房环境、感知价值对健身者持续消费意向的影响研究 [D]. 上海：华东理工大学，2023.

[8] 陈向明. 从一个到全体——质的研究结果的推论问题 [J]. 教育研究与实验，2000（02）：1-8+72.

[9] 陈欣. 心流体验及其研究现状 [J]. 江苏师范大学学报（哲学社会科学版），2014，40（05）：150-155.

[10] 陈雪钧. 饭店新生代员工感知价值对离职意愿的影响研究 [D]. 泉州：华侨大学，2016.

[11] 陈玉平，袁海涛，徐玉明. 基于运动健康管理模式的 VR 单车智能健身系统的设计与实现 [J]. 杭州师范大学学报（自然科学版），2021，20（04）：374-380.

[12] 褚婕，严敏，余嘉欣. 虚拟现实技术＋沉浸体验式学习模式在血管外科护理实践教学中的应用 [J]. 护理研究，2020，34（10）：1804-1806.

[13] 崔海云，施建军. 服务创新、顾客体验价值与休闲农业企业绩效 [J]. 南京社会科学，2013（11）：33-38.

[14] 董必春. 均匀流动媒质中近场声全息技术方法研究 [D]. 合肥：合肥工业大学，2018.

[15] 戴晓阳，曹亦薇. 心理评定量表的编制和修订中存在的一些问题 [J]. 中国临床心理学杂志，2009，17（05）：562-565.

[16] 戴钰馨，杜光友. 网络社交关系对体适能健身消费决策的影响 [J]. 商业经济研究，2020（23）：64-67.

[17] 单从文，余明阳，薛可. 信息流畅性对消费者品牌延伸评价的影响研究 [J]. 管理评论，2020，32（06）：196-205.

[18] 董大海，金玉芳. 消费者行为倾向前因研究 [J]. 南开管理评论，2003（06）：46-51.

[19] 傅钢强，魏歆媚，刘东锋. 人工智能赋能体育场馆智慧化转型的基本表征、应用价值及深化路径 [J]. 体育学研究，2021，35（04）：20-28.

[20] 高芳. 顾客参与、顾客-企业认同与品牌依恋：基于网络口碑的调节作用 [J]. 商业经济研究，2021（16）：77-80.

[21] Bernd H. Schmitt. 体验营销如何增强公司及品牌的亲和力 [M]. 刘银娜，等译. 北京：清华大学出版社，2004.

[22] 郭安禧，郭英之，李海军，等. 旅游者感知价值对重游意向影响的实证研究——旅游者满意和风险可能性的作用 [J]. 旅游学刊，2018，33（01）：63-73.

[23] 郭爱芳. 企业 STI/DUI 学习与技术创新绩效关系研究 [D]. 杭州：浙江大学，2010.
[24] 郭强，董明伟. 问卷设计手册 [M]. 北京：中国时代经济出版社，2004.
[25] 郭文秀. 沉浸体验对滑雪消费者持续消费意愿的影响——情感依恋与满意度的双重中介效应 [J]. 体育成人教育学刊，2021，37 (06)：13-19.
[26] 郭养红. 信息策略对顾客酒店绿色消费意愿影响研究 [D]. 成都：西南财经大学，2022.
[27] 何晓雅. 运动健身类 App 用户体验价值、满意度与行为意向关系研究 [D]. 北京：首都体育学院，2021.
[28] 胡朝阳. 虚拟技术的镜像：基于 VR 健身场景的 UX 再发现 [J]. 智能城市，2019，5 (24)：16-17.
[29] 胡咏梅，蒋满华，孙延林. 中美优秀女子排球运动员流畅心理状态特征的比较研究 [J]. 广州体育学院学报，2002 (04)：42-43+46.
[30] 花建，陈清荷. 沉浸式体验：文化与科技融合的新业态 [J]. 上海财经大学学报，2019，21 (05)：18-32.
[31] 淮冠齐. 虚拟现实中技术具身对未来消费意愿的影响 [D]. 成都：西南财经大学，2023.
[32] 洪红，徐迪. 移动社交应用的持续使用意愿影响因素研究——探讨网络外部性和羊群行为的共同作用 [J]. 经济管理，2015，37 (05)：40-50.
[33] 黄红媛，杨剑，刘宁宁. 实用价值取向对全民健身消费行为的影响：消费预期和让渡价值多重中介效应 [J]. 北京体育大学学报，2021，44 (03)：96-104.
[34] 黄红媛，杨剑，邵雪梅. 物质主义与全民健身运动项目消费行为：社会比较、心理授权多重中介效应 [J]. 沈阳体育学院学报，2021，40 (04)：118-126.
[35] 黄静，许新宇，肖皓文，等. 控制感缺失对创造体验型消费意愿的影响研究 [J]. 南开管理评论，2023，26 (01)：239-250.
[36] 黄鹏，李启庚，贾国庆. 旅游购物体验要素对顾客价值及其满意和购买

意向的影响 [J]. 旅游学刊，2009，24 (02)：41-45.

[37] 黄猛，李丽霞. 城市旅游节庆体验价值提升策略研究 [J]. 商业研究，2014 (01)：173-178.

[38] 黄鹏，刘艳. 具有投资属性的旅游纪念品感知价值影响因素研究——以玉制旅游纪念品为例 [J]. 旅游科学，2015，29 (04)：61-77.

[39] 黄瑞. 基于沉浸理论的儿童教育类 App 交互设计 [J]. 包装工程，2018，39 (10)：177-181.

[40] 黄晓波. 旅游演艺游客沉浸体验和意义体验的影响及作用机制研究 [D]. 成都：西南财经大学，2023.

[41] 黄育花. 主题公园夜间旅游沉浸体验、积极情绪和行为意向关系研究 [D]. 合肥：安徽大学，2022.

[42] 江晓东，余璐. 网络游戏品质对玩家忠诚度的影响——沉浸体验的中介效应 [J]. 上海管理科学，2010，32 (06)：76-80.

[43] 蒋海萍，董晓宁. 消费者参与、服务主导逻辑和旅游体验价值：一项实证研究 [J]. 安徽大学学报 (哲学社会科学版)，2021，45 (02)：135-144.

[44] 蒋婷. 体验视角下顾客间互动对再惠顾意愿的影响研究 [D]. 济南：山东大学，2012.

[45] 焦勇兵，高静. 社会化媒体中消费者的自我建构、顾客价值与沉浸体验 [J]. 财经论丛，2017 (05)：89-101.

[46] 匡志建. 景区服务质量、游客体验价值与游客行为意愿的关系研究 [D]. 长沙：湖南师范大学，2020.

[47] 赖胜强. 基于 SOR 模式的口碑效应研究 [D]. 成都：西南财经大学，2011.

[48] 雷雳，马晓辉，王薇. 青少年学习沉醉感量表的编制及应用 [J]. 心理研究，2012，5 (01)：45-48.

[49] 李爱梅，李晓萍，高结怡，等. 追求积极情绪可能导致消极后果及其机制探讨 [J]. 心理科学进展，2015，23 (06)：979-989.

[50] 李慢，马钦海，赵晓煜. 网络服务场景对在线体验及行为意向的作用研究 [J]. 管理科学，2014，27 (04)：86-96.
[51] 厉新建. 旅游体验研究：进展与思考 [J]. 旅游学刊，2008，23 (6)：6.
[52] 李东进，杨凯，周荣海. 消费者重复购买意向及其影响因素的实证研究 [J]. 管理学报，2007，4 (5)：6.
[53] 李罕梁，周玲强，郑一波. “洋家乐”游客的动机、感知价值对其满意度和行为意愿的影响 [J]. 浙江大学学报：理学版，2018，45 (1)：11.
[54] 李建州，范秀成. 三维度服务体验实证研究 [J]. 旅游科学，2006，20 (2)：6.
[55] 李江敏. 环城游憩体验价值与游客满意度及行为意向的关系研究 [D]. 武汉：中国地质大学，2013.
[56] 李凌，张瑞林，王立燕. 感知信赖模型：竞猜型体育彩票再购意愿的质性研究——基于扎根理论研究视角 [J]. 天津体育学院学报，2018，33 (3)：6.
[57] 李佩佩，陈琳，冯熳. 全息技术在智慧教育中的应用研究 [J]. 现代教育技术，2017，27 (6)：6.
[58] 李淑燕. 移动购物全面消费体验对再购买意愿的影响机制研究 [D]. 泉州：华侨大学，2016.
[59] 李幼瑶. 主题公园消费体验、体验价值和行为意向关系的研究 [D]. 杭州：浙江大学，2007.
[60] 李震. 互联网平台如何创造体验价值：基于互动视角的分析 [J]. 广东财经大学学报，2017 (2)：16.
[61] 李震. 谁创造了体验——体验创造的三种模式及其运行机制研究 [J]. 南开管理评论，2019，22 (5)：14.
[62] 廖斯羽. 虚拟现实技术的特点及应用 [J]. 科技传播，2018 (21)：3.
[63] 刘卫国. 现代化、信息化、数字化、智能化及其相互关系 [J]. 中国铁路，2011 (01)：83-86.
[64] 刘子涵. 基于 VR 技术的运动健身游戏 [J]. 电子世界，2018，548

(14)：132-133.
[65] 龙娟娟. 心流体验视角下的运动健身类 App 交互设计研究 [J]. 装饰，2016 (8)：2.
[66] 卢长宝，彭静，李杭. 限量促销诱发的前瞻性情绪及其作用机制 [J]. 管理科学学报，2020，23 (5)：25.
[67] 马鹏，张威. 游客互动、体验价值、主观幸福感关系研究——一个民宿旅居者视角的实证检验 [J]. 消费经济，2017，33 (05)：83-90.
[68] 孟秋莉. 乡村旅游体验价值与旅游者幸福感关系研究 [D]. 武汉：中南财经政法大学，2019.
[69] 梅胜军. 转型变革中的组织危机感及其对战略选择的影响机制研究 [D]. 杭州：浙江大学，2010.
[70] 那梦帆. 人地关系视角下旅游目的地意象感知的体验价值研究 [J]. 大连：东北财经大学，2019.
[71] 任冬阁. 基于 SOR 理论的运动健身类 App 持续使用意向研究 [D]. 武汉：武汉体育学院，2021.
[72] 施家瑜. 需求取向对全民健身消费行为的影响：体验价值，主观幸福多重中介效应 [J]. 山东体育学院学报，2021，37 (4)：8.
[73] 施家瑜，梁波. 基于需求导向的全民健身消费驱动模型测度与审视 [J]. 沈阳体育学院学报，2021，40 (005)：115-122.
[74] 时昊阳. 体验式运动业态对全民健身的推动研究 [D]. 郑州：河南大学，2019.
[75] 宋佳，冯吉兵，曲克晨. 在线教学中师生交互对深度学习的影响研究 [J]. 中国电化教育，2020 (11)：7.
[76] 宋明蕊. 综艺节目观众体验价值、满意度与行为意向研究 [D]. 北京：北京交通大学，2018.
[77] 孙小丽. 消费者网购体验，体验价值与购买意愿 [J]. 商业时代，2018 (12)：60-63.
[78] 孙延林，李实，蒋满华，等. 运动员流畅心理状态研究 [J]. 天津体育学

院学报，2000，15（3）：5.
[79] 佟婷，刘幼春，晏紫昭. 全息技术在文化生态可持续发展中的应用 [J]. 企业经济，2015（3）：4.
[80] 田晓旭. 体验价值视角下短视频用户使用行为研究 [D]. 长春：吉林大学，2023.
[81] 王安琪，穆芸，张佳欣，等. 女装品牌卖场沉浸体验对消费者购物影响研究 [J]. 北京服装学院学报：自然科学版，2020，40（3）：9.
[82] 王岑岚. 在线交互平台用户价值与粘性的可持续研究 [D]. 上海：上海大学，2020.
[83] 王大可. 我国体育健身俱乐部发展研究 [J]. 现代经济信息，2017（22）：1.
[84] 王孟成. 潜变量建模与 Mplus 应用：基础篇 [M]. 重庆：重庆大学出版社，2014.
[85] 王娜. 基于沉浸体验的网络社区用户忠诚度影响因素研究 [D]. 南宁：广西大学，2014.
[86] 王宁. 代表性还是典型性？——个案的属性与个案研究方法的逻辑基础 [J]. 社会学研究，2002（05）：123-125.
[87] 王文韬，张震，张坤，等. 融合 SOR 理论的智能健康手环用户不持续使用行为研究 [J]. 图书馆论坛，2020，40（5）：11.
[88] 王希颖. 真人秀节目收视体验，体验价值与行为意向的关系研究——以《爸爸去哪儿》为例 [D]. 厦门：厦门大学，2014.
[89] 王雪莲，高凯凯，李嫄. 在线知识付费节目的顾客体验价值研究——基于内容分析方法对“喜马拉雅”平台数据的发掘分析 [J]. 价格理论与实践，2021（6）：141-144.
[90] 王炎昊. 电子竞技消费意愿影响因素研究 [D]. 上海：上海体育学院，2016.
[91] 魏遐，潘益听. 湿地公园游客体验价值量表的开发方法——以杭州西溪湿地公园为例 [J]. 地理研究，2012，31（6）：11.

[92] 魏守波，程岩. 移动支付中用户信任的影响要素 [J]. 系统工程，2010 (11)：7.

[93] 翁银，李凌. 沉浸互动模型：滑雪消费心流体验机制的质性研究 [J]. 成都体育学院学报，2020，46 (2)：7.

[94] 翁子璇. VR 技术在健身领域的应用研究 [J]. 今传媒，2017，25 (12)：2.

[95] 吴敏. 社会化商务环境下网络互动对用户粘性的影响研究 [D]. 福州：福州大学，2017.

[96] 吴明隆. 结构方程模型：AMOS 的操作与应用 [M]. 重庆：重庆大学出版社，2010.

[97] 吴茂英，Philip L. Pearce. 积极心理学在旅游学研究中的应用 [J]. 旅游学刊，2014，29 (1)：39-46.

[98] 夏艺菱. 智能硬件类产品的体验价值评估研究 [D]. 无锡：江南大学，2019.

[99] 向坚持. O2O 模式体验价值与顾客满意度，行为意向关系研究与实证分析——以酒店业为例 [J]. 湖南师范大学社会科学学报，2017，46 (4)：6.

[100] 项益鸣. 模拟现实服务的虚拟服务技术继续使用意向研究：基于虚拟和现实一致性的解释 [D]. 杭州：浙江大学，2014.

[101] 谢婷，刘爱利. 绿色饭店企业形象与消费者行为意向关系探研 [J]. 企业经济，2016 (2)：7.

[102] 谢彦君，彭丹. 旅游，旅游体验和符号——对相关研究的一个评述 [J]. 旅游科学，2005，19 (6)：6.

[103] 徐其涛. “双减”背景下国内研学旅游体验价值共创研究 [D]. 武汉：中南财经政法大学，2022.

[104] 周格粉. 游客参与乡村旅游地农事体验价值共创行为的动因及结果研究 [D]. 成都：四川农业大学，2022.

[105] 易明亮. 互联网+背景下智能健身俱乐部发展模式研究 [D]. 上海：上

海体育学院，2021.
［106］张灿. 游客生态旅游感知价值对行为意向影响机制研究［D］. 徐州：中国矿业大学，2021.
［107］张野. 中国文化语境下的休闲及相关概念的考察［J］. 旅游学刊，2013，28（09）：109-113.
［108］张明鑫. 大学生社会化阅读 App 持续使用意愿研究——沉浸体验的中介效应［J］. 大学图书馆学报，2021，39（01）：100-109.
［109］杨蒙蒙. 大学生体育赛事志愿者主观体验、体验价值与体育行为意向之间关系研究［D］. 上海：上海体育学院，2020.
［110］曾锵. 基于价值创造的零售商业模式研究［D］. 杭州：浙江工商大学，2019.
［111］徐雪晴. 互联网背景下“快快智能健身”运营特征分析［D］. 北京：首都体育学院，2018.
［112］张洪，鲁耀斌，向纯洁. 社会化商务环境下消费者参与意向研究：基于体验的视角［J］. 管理工程学报，2017，31（02）：40-46.
［113］张红星，赵金林. 珠三角度假游客休闲体育参与动机、体验价值对重游意愿正向影响的因子分析［J］. 广州体育学院学报，2017，37（02）：57-62.
［114］徐艳琴. 基于移动产业视角的场景营销策略分析［J］. 商业经济研究，2016，（13）：65-67.
［115］俞林，孙明贵. 商场购物环境、顾客感知价值与企业竞争优势关系研究［J］. 统计与信息论坛，2014，29（04）：106-112.
［116］张嵩，丁怡琼，郑大庆. 社会化网络服务用户理想忠诚研究——基于沉浸理论和信任承诺理论［J］. 情报杂志，2013，32（08）：197-203.
［117］张宏梅，洪娟，张文静. 旅游目的地游客感知价值的层次关系模型［J］. 人文地理，2012，27（04）：125-130.
［118］张凤超，尤树洋. 顾客体验价值结构维度：DIY 业态视角［J］. 华南师范大学学报（社会科学版），2009，（04）：108-113.

[119] 张成杰，傅云新. 旅游景区收益管理框架分析与策略初探 [J]. 商业时代，2007 (01)：98-99+103.

[120] 俞海滨. 构建以顾客价值为导向的餐饮业竞争优势 [J]. 商业时代，2005 (27)：46-47.

[121] 颜玖. 访谈法在社会科学研究中的应用 [J]. 北京市总工会职工大学学报，2002 (02)：44-50.

[122] 赵雨柔. 自我威胁对消费者地位消费倾向的双路径影响机制研究 [D]. 长春：吉林大学，2023.

[123] 赵海荣，党红，赵建峰. 新时期文物 IP 数字展览消费体验价值感知——评《博物馆的数字化之路》[J]. 中国科技论文，2022，17 (11)：1322.

[124] 赵述强，高跃，祝良. 科技赋能：我国城市公共体育服务迈向智慧化治理的审视与论绎 [J]. 体育科学，2021，41 (07)：43-51.

[125] 周丹，王静，卜元园，等. 护士工作沉浸体验及工作旺盛感与创新行为的关系 [J]. 护理学杂志，2021，36 (12)：1-4.

[126] 张晓婷，陆菁，刘渊，等. VR 交互体验中沉浸感与舒适度的平衡设计 [J]. 包装工程，2021，42 (12)：91-97.

[127] 郑锐洪. 城市历史街区旅游体验价值开发模式选择 [J]. 城市问题，2020 (07)：66-75.

[128] 郑丽鑫，赵菀琳，钟汇丰，等. 大数据背景下基于 VR 技术的共享健身模式体系构建 [J]. 电子元器件与信息技术，2020，4 (01)：83-84.

[129] 肖怀云. 移动社会网络用户创造价值行为及其影响研究 [D]. 南京：东南大学，2018.

[130] 张杨昊，李孝禄，许沧粟，等. 具有运动真实感的 VR 健身单车设计及测试 [J]. 体育科学，2018，38 (07)：50-55.

[131] 周阿维，邵伟，吴莹. 应用锥光偏振全息技术的航空叶片测量新方法 [J]. 中国机械工程，2017，28 (12)：1394-1399.

[132] 张崇辉. 不同购物卷入度下的购物中心魅力度影响因素 [D]. 长春：吉

林大学，2017.
[133] 朱静雯，方爱华，刘坤锋. 移动阅读沉浸体验对用户黏性的影响研究 [J]. 编辑之友，2017，(04)：13-18.
[134] 周学希. 昆明市商业健身俱乐部顾客消费体验对行为倾向的影响研究 [D]. 昆明：云南师范大学，2016.
[135] 周皓. 数字全息成像技术应用研究 [D]. 苏州：苏州大学，2015.
[136] 赵维庆. 平台型 B2C 模式下互动性对顾客行为意向影响研究 [D]. 济南：山东大学，2014.
[137] 庄立民. 网络解心忧 [J]. 四川教育，2006 (Z2)：24-25.
[138] 张文建，苏嘉杰. 酒店顾客型服务质量管理分析 [J]. 上海管理科学，2006，(01)：23-26.
[139] Pantano E，Viassone M. Engaging consumers on new integrated multi-channel retail settings：Challenges for retailers [J]. Journal of Retailing and Consumer Services，2015，25：106-114.
[140] Parboteeah D V，Valacich J S，Wells J D. The influence of website characteristics on a consumer's urge to buy impulsively [J]. Information Systems Research，2009，20 (1)：60-78.
[141] Poeschl S，Wall K，Doering N. Integration of spatial sound in immersive virtual environments an experimental study on effects of spatial sound on presence [C] //2013 IEEE Virtual Reality (VR). IEEE，2013：129-130.
[142] Pomfret G. Mountaineering adventure tourists：A conceptual framework for research [J]. Tourism Management，2006，27 (1)：113-123.
[143] Privette G，Bundrick C M. Measurement of experience：Construct and content validity of the experience questionnaire [J]. Perceptual and Motor Skills，1987，65 (1)：315-332.
[144] Robert D，John R. Store atmosphere：An environmental psychology

approach [J]. Journal of Retailing, 1982, 58 (1): 34-57.

[145] Schmitt B, Zarantonello L. Consumer experience and experiential marketing: A critical review [J]. Review ofMarketing Research, 2013: 25-61.

[146] Schmitt B. Experiential marketing [J]. Journal ofMarketing Management, 1999, 15 (1-3): 53-67.

[147] Sheth J N, Newman B I, Gross B L. Why we buy what we buy: A theory of consumption values [J]. Journal of Business Research, 1991, 22 (2): 159-170.

[148] Song H, Kim M, Park C. Temporal distribution as a solution for over-tourism in night tourism: The case ofSuwon Hwaseong in South Korea [J]. Sustainability, 2020, 12 (6): 2182.

[149] Sorrentino R M, Walker A M, Hodson G, et al. A theory of uncertainty orientation [J]. Trends and Prospects in Motivation Researcht, 2001: 187-206.

[150] Hyun S S, Kim W, Lee M J. The impact of advertising on patrons' emotional responses, perceived value, and behavioral intentions in the chain restaurant industry: The moderating role of advertising-induced arousal [J]. International Journal of Hospitality Management, 2011, 30 (3): 689-700.

[151] Sweeney J C, Soutar G N. Consumer perceived value: The development of a multiple item scale [J]. Journal ofRetailing, 2001, 77 (2): 203-220.

[152] Takatalo J, Nyman G, Laaksonen L. Components of human experience in virtual environments [J]. Computers in Human Behavior, 2008, 24 (1): 1-15.

[153] Teng C I, Huang L S, Jeng S P, et al. Who may be loyal? Personality, flow experience and customer e-loyalty [J]. International Journal

of Electronic Customer Relationship Management, 2012, 6 (1): 20-47.

[154] Hogg M A, Terry D J, White K M. The theory of planned behavior: Self-identity [J]. Social Identity and Group Norms, 1999, 38 (3): 225-244.

[155] Tussyadiah I P, Wang D, Jung T H, et al. Virtual reality, presence, and attitude change: Empirical evidence from tourism [J]. Tourism Management, 2018, 66: 140-154.

[156] Bitner M J. Servicescapes: The impact of physical surroundings on customers and employees [J]. Journal of Marketing, 1992, 56 (2): 57-71.

[157] Tynan C, McKechnie S. Hedonic meaning creation though Christmas consumption: A review and model [J]. Journal of Customer Behaviour, 2009, 8 (3): 237-255.

[158] Varshneya G, Das G, Khare A. Experiential value: A review and future research directions [J]. Marketing Intelligence & Planning, 2017, 35 (3): 339-357.

[159] Vieira V A. Stimuli-organism-response framework: A meta-analytic review in the store environment [J]. Journal of Business research, 2013, 66 (9): 1420-1426.

[160] Wang C Y, Lin C H. A study of the effect of TV drama on relationships among tourists' experiential marketing, experiential value and satisfaction [J]. International Journal of Organizational Innovation, 2010, 2 (3): 107-123.

[161] Wang J C, Chang C H. How online social ties and product-related risks influence purchase intentions: A Facebook experiment [J]. Electronic Commerce Research and Applications, 2013, 12 (5): 337-346.

[162] Watson J B. An Attempted formulation of the scope of behavior psy-

chology [J]. Psychological Review, 1917, 24 (5): 329.

[163] Woodruff R B. Customer value: The next source for competitive advantage [J]. Journal of the Academy of Marketing Science, 1997, 25: 139-153.

[164] Wöran B, Arnberger A. Exploring relationships between recreation specialization, restorative environments and mountain hikers' flow experience [J]. Leisure Sciences, 2012, 34 (2): 95-114.

[165] Wu C H J. The influence of customer-to-customer interactions and role typology on customer reaction [J]. The Service Industries Journal, 2008, 28 (10): 1501-1513.

[166] Yuan Y H E, Wu C K. Relationships among experiential marketing, experiential value, and customer satisfaction [J]. Journal of Hospitality & Tourism Research, 2008, 32 (3): 387-410.

[167] Zeithaml V A. Consumer perceptions of price, quality, and value: a means-end model and synthesis of evidence [J]. Journal of Marketing, 1988, 52 (3): 2-22.

[168] Zeithaml V A, Berry L L, Parasuraman A. The behavioral consequences of service quality [J]. Journal of Marketing, 1996, 60 (2): 31-46.

[169] Zhang H, Lu Y, Gupta S, et al. What motivates customers to participate in social commerce? The impact of technological environments and virtual customer experiences [J]. Information & Management, 2014, 51 (8): 1017-1030.

[170] Zhang W, Fuligni A J. Authority, autonomy, and family relationships among adolescents in urban and rural China [J]. Journal of Research on Adolescence, 2006, 16 (4): 527-537.

[171] Zwick W R, Velicer W F. Comparison of five rules for determining the number of components to retain [J]. Psychological Bulletin, 1986, 99

(3)：432.

[172] Animesh A , Pinsonneault A , Yang S B , et al. An odyssey into virtual worlds：Exploring the impacts of technological and spatial environments [J]. MIS Quarterly，2011，35 (3)：789-810.

[173] Baron R M，Kenny D A. The moderator-mediator variable distinction in social psychological research：Conceptual，strategic，and statistical considerations. [J]. Chapman and Hall，1986，51 (6)：1173-1182.

[174] Bachmann F，Walsh G，Hammes E K. Consumer perceptions of luxury brands：An owner-based perspective [J]. European Management Journal，2019，37 (3)：287-298.

[175] Bakker A B . The work-related flow inventory：Construction and initial validation of the WOLF [J]. Journal of Vocational Behavior，2008，72 (3)：400-414.

[176] Baron R M，Kenny D A. The moderator - mediator variable distinction in social psychological research：Conceptual，strategic，and statistical considerations. [J]. Journal of Personality and Social Psychology，1986，51 (6)：1173-1182.

[177] Bitner M J. Servicescapes：The impact of physical surroundings on customers and employees [J]. Journal of Marketing，1992，56 (2)：69-82.

[178] Abdullah F. The development of HEdPERF：A new measuring instrument of service quality for the higher education sector [J]. International Journal of Consumer Studies，2006，30 (6)：569-581.

[179] Bryant J，Vorderer P. Psychology of Entertainment [M]. Routledge，2006.

[180] Bower E M. Review of beyond boredom and anxiety：The experience of play in work and games [J]. American Journal of Orthopsychiatry，1976，46 (4)：729.

[181] Csikszentmihalyi M, Csikszentmihalyi I S. Optimal experience: Psychological studies of flow in consciousness [M]. Cambridge University Press, 1992.

[182] Delbaere M, Mcquarrie E E, Phillips B J. Personification in advertising: Using a visual metaphor to trigger anthropomorphism [J]. Journal of Advertising, 2011, 40 (1): 121-130.

[183] Dodds W B, Monroe K B, Grewal D. Effects of price, brand, and store information on buyers' product evaluations [J]. Journal of Marketing Research, 1991, 28 (3): 307-319.

[184] Ellis G D, Voelkl J E, Morris C. Measurement and analysis issues with explanation of variance in daily experience using the flow model [J]. Journal of leisure research, 1994, 26 (4): 337-356.

[185] Eroglu S A, Machleit K A, Davis L M. Atmospheric qualities of online retailing: A conceptual model and implications [J]. Journal of Business Research, 2001, 54 (2): 177-184.

[186] Eroglu S A, Machleit K A, Davis L M. Empirical testing of a model of online store atmospherics and shopper responses [J]. Psychology & Marketing, 2010, 20 (2): 139-150.

[187] Fan D X F, Hsu C H C, Lin B. Tourists' experiential value co-creation through online social contacts: Customer-dominant logic perspective [J]. Journal of Business Research, 2020, 108 (1): 163-173.

[188] Fishbein M. Editorial: Affiliation with WHO [J]. International Surgery, 1975, 60 (4): 197.

[189] Fishbein M, Ajzen I. Belief, attitude, intention and behaviour: An introduction to theory and research [J]. Philosophy & Rhetoric, 1975, 27 (1): 842-844.

[190] Floh A, Madlberger M. The role of atmospheric cues in online impulse-buying behavior [J]. Electronic Commerce Research & Appli-

cations, 2013, 12 (1-6): 425-439.
[191] Gao L, Bai X. Online consumer behaviour and its relationship to website atmospheric induced flow: Insights into online travel agencies in China [J]. Journal of Retailing and Consumer Services, 2014, 21 (4): 653-665.
[192] Ghani J A, Deshpande S P. Task characteristics and the experience of optimal flow in human-computer interaction [J]. Journal of Psychology, 2016, 128 (4): 381-391.
[193] Grewal D, Monroe K B, Krishnan R. The effects of price comparison advertising on buyers' perceptions of acquisition value and transaction value [J]. Journal of Marketing, 1998, 62 (2): 46-59.
[194] Guttentag D A. Virtual reality: Applications and implications for tourism [J]. Tourism Management, 2010, 31 (5): 637-651.
[195] Hayes S C, Strosahl K, Wilson K G, et al. Measuring experiential avoidance: A preliminary test of a working model [J]. The Psychological Record, 2004, 54 (4): 553-578.
[196] Hendrix C M, Barfield W. The sense of presence within auditory virtual environments [J]. Presence Teleoperators & Virtual Environments, 1996, 5 (3): 290-301.
[197] Heyman J, Mellers B, Tishcenko S, et al. I Was pleased a moment ago: How pleasure varies with background and foreground reference points [J]. Motivation & Emotion, 2004, 28 (1): 65-83.
[198] Hennigs N, Klarmann C. Hedonic Consumption [M]. John Wiley & Sons, 2015.
[199] Hoffman D L, Novak T P. Marketing in hypermedia computer-mediated environments: Conceptual foundations [J]. Journal of Marketing, 1996, 60 (3): 50-68.
[200] Holbrook M B. Consumption experience, customer value, and subjec-

tive personal introspection: An illustrative photographic essay [J]. Journal of Business Research, 2006, 59 (6): 714-725.

[201] Horn J. A rationale and test for the number of factors in factor analysis [J]. Psychometrika, 1965, 30 (2): 179-185.

[202] Hsu C L, Chang K C, Chen M C. Flow experience and internet shopping behavior: Investigating the moderating effect of consumer characteristics [J]. Systems Research and Behavioral Science, 2012, 29 (3): 317-332.

[203] Hsu H Y, Tsou H T. Understanding customer experiences in online blog environments [J]. International Journal of Information Management, 2011, 31 (6): 510-523.

[204] Hsu Y, Wolf L L. The winner and loser effect: What fighting behaviours are influenced? [J]. Animal Behaviour, 2001, 61 (4): 777-786.

[205] Huang M H. Flow, enduring, and situational involvement in the Web environment: A tripartite second-order examination [J]. Psychology & Marketing, 2006, 23 (5): 383-411.

[206] Jackson S A, Marsh H W. Development and validation of a scale to measure optimal experience: Theflow state scale [J]. Journal of Sport and Exercise Psychology, 1996, 18 (1): 17-35.

[207] Jones T O. Why satisfied customers defect [J]. Journal ofManagement in Engineering, 1996, 12 (6): 11.

[208] Kang M, Shin D H. The effect of customers' perceived benefits on virtual brand community loyalty [J]. Online Information Review, 2016, 40 (3): 298-315.

[209] Keller K L. Brand equity management in a multichannel, multimedia retail environment [J]. Journal of Interactive Marketing, 2010, 24 (2): 58-70.

[210] Kim J, Lee H H. Impacts of US affluent consumers' luxury goods con-

sumption beliefs on repeat purchases of luxury goods: Generational and gender comparison analyses [J]. Journal of Global Fashion Marketing, 2015, 6 (3): 207-221.

[211] Kim M J, Hall C M. A hedonic motivation model in virtual reality tourism: Comparing visitors and non-visitors [J]. International Journal of Information Management, 2019, 46: 236-249.

[212] Kotler M L. Proof of stability conditions for token passing rings by lyapunov functions [J]. IEEE Transactions on Automatic Control, 1996, 41 (6): 908-912.

[213] Koufaris M. Applying the technology acceptance model and flow theory to online consumer behavior [J]. Information Systems Research, 2002, 13 (2): 205-223.

[214] Kurdek L A, Fine M A, Sinclair R J. School adjustment in sixth graders: Parenting transitions, family climate, and peer norm effects [J]. Child Development, 1995, 66 (2): 430-445.

[215] Lee S, Manthiou A, Jeong M, et al. Does consumers' feeling affect their quality of life? Roles of consumption emotion and its consequences [J]. International Journal of Tourism Research, 2015, 17 (4): 409-416.

[216] Lee S, Ha S, Widdows R. Consumer responses to high-technology products: Product attributes, cognition, and emotions [J]. Journal of Business Research, 2011, 64 (11): 1195-1200.

[217] Liu Y, Shrum L J. What is interactivity and is it always such a good thing? Implications of definition, person, and situation for the influence of interactivity on advertising effectiveness [J]. Journal of Advertising, 2002, 31 (4): 53-64.

[218] Martins J, Costa C, Oliveira T, et al. How smartphone advertising influences consumers' purchase intention [J]. Journal of Business Re-

search, 2019, 94: 378-387.

[219] Mathwick C, Malhotra N, Rigdon E. Experiential value: Conceptualization, measurement and application in the catalog and Internet shopping environment [J]. Journal of Retailing, 2001, 77 (1): 39-56.

[220] Mathwick C, Malhotra N K, Rigdon E. The effect of dynamic retail experiences on experiential perceptions of value: An Internet and catalog comparison [J]. Journal of Retailing, 2002, 78 (1): 51-60.

[221] McNeill L S, Fam K S, Chung K. Applying transaction utility theory to sales promotion—The impact of culture on consumer satisfaction [J]. The International Review of Retail, Distribution and Consumer Research, 2014, 24 (2): 166-185.

[222] Mehrabian A, Russell J A. A verbal measure of information rate for studies in environmental psychology [J]. Environment and Behavior, 1974, 6 (2): 233.

[223] Mollen A, Wilson H. Engagement, telepresence and interactivity in online consumer experience: Reconciling scholastic and managerial perspectives [J]. Journal of Business Research, 2010, 63 (9-10): 919-925.

[224] Garrison M E B, Pierce S H, Monroe P A, et al. Focus group discussions: Three examples from family and consumer science research [J]. Family and Consumer Sciences Research Journal, 1999, 27 (4): 428-450.

[225] Carr N. Going with the flow: An assessment of the relationship between young people's leisure and holiday behaviour [J]. Tourism Geographies, 2002, 4 (2): 115-134.

[226] Novak T P, Hoffman D L, Yung Y F. Measuring the customer experience in online environments: A structural modeling approach [J]. Marketing Science, 2000, 19 (1): 22-42.

[227] Nwankwo S, Hamelin N, Khaled M. Consumer values, motivation and purchase intention for luxury goods [J]. Journal of Retailing and Consumer Services, 2014, 21 (5): 735-744.

图书在版编目（CIP）数据

全息智能健身对健身者消费意愿影响的机制 ： 沉浸体验和体验价值的链式中介效应研究 / 王茜， 胡意著. 湘潭 ： 湘潭大学出版社， 2024. 9. -- ISBN 978-7-5687-1542-3

Ⅰ. G80-052

中国国家版本馆 CIP 数据核字第 2024PN2555 号

全息智能健身对健身者消费意愿影响的机制
——沉浸体验和体验价值的链式中介效应研究

QUANXI ZHINENG JIANSHEN DUI JIANSHENZHE XIAOFEI YIYUAN YINGXIANG DE JIZHI

——CHENJIN TIYAN HE TIYAN JIAZHI DE LIANSHI ZHONGJIE XIAOYING YANJIU

王茜 胡意 著

责任编辑： 罗 联
封面设计： 李 平
出版发行： 湘潭大学出版社
社　　址： 湖南省湘潭大学工程训练大楼
电　　话： 0731-58298960 0731-58298966（传真）
邮　　编： 411105
网　　址： http://press.xtu.edu.cn/
印　　刷： 长沙印通印刷有限公司
经　　销： 湖南省新华书店
开　　本： 710 mm×1000 mm 1/16
印　　张： 12.5
字　　数： 204 千字
版　　次： 2024 年 9 月第 1 版
印　　次： 2024 年 9 月第 1 次印刷
书　　号： ISBN 978-7-5687-1542-3
定　　价： 68.00 元